逍遥

001

王凯丽

主编

逍遥工作室

/　观　察　/

/　思　考　/

/　享　受　/

本 期 作 者

百尝
独立酒评人，高级葡萄酒品鉴师，
知名专栏作家

董国强
北京匡时拍卖行董事长

费勇
学者，主要作品《不焦虑的活法：
金刚经修心课》、《不抑郁的活法：
坛经修心课》、《行走指南》等

梵远
80 后独立学者，自由撰稿人

汉斯·道维勒 Hans Dorville
联合国教科文组织（UNESCO）
副总干事

红肚兜儿
80 后新锐专栏作家，专栏散见《南
方都市报》、《南都娱乐周刊》、《新
现代画报》、《精英生活》等

金阳平
当代艺术家，曾获中国青年油画展
大奖等

刘广云
当代艺术家，曾在德国、日本、波兰、
古巴、西班牙等地举办或参与重要
展览

理查德·泰勒 Richard Taylor
世界著名电影特效大师，曾五次获
得奥斯卡小金人

李佳佳
80 后媒体人，《佳访》主持及制片人

李翔宁
同济大学建筑与城市规划学院教授，
美国麻省理工学院交流教授，策展人

马六明
当代艺术家，代表作品《芬－马六
明》等

乔珊
国际古琴艺术名家，代表作品《离
骚》、《普庵咒》等

沈其斌
艺术平台建设者，艺术资本孵化者

汪民安
学者，知名艺术评论家，主要作品《福
柯的面孔》等

张晓刚
当代国际著名艺术家，主要作品《血
缘：大家庭》系列等

赵继臣
中国平安银行总行副行长

**夏绿蒂·塞恩斯伯里－普莱斯
Charlotte Sainsbury-plaice**
英国作家，旅行家，主要作品《马
背上的英格兰》

张长清
上海虹桥正瀚律师事务所合伙人、
律师

**扎拉·克尔切斯特
Zara Colchester**
英国作家、旅行家，主要作品《马
背上的英格兰》

张煜
自由撰稿人，主要作品《想象西藏》

Tango
原名高幼军，资深广告人，漫画家，
主要作品《睡不着》

是的，就这样开始了。很平常的事情。是的，试着在做一件不太一样的事情，很平常的不太一样的事情。没有什么特别的期待，就这样真的去做了。就这样上路了，随着道路向前而去。没有什么特别要表明的，事情本身即是表明。喜欢文字，也喜欢图片，更喜欢文字和图片的相互激荡，意义延展，生机勃勃。这个时代很平和，很慌乱。仿佛一切都在消失中，一切都在改变中。怎么办呢？我不知道。我喜欢德国作家黑塞的一句话："一如花朵年年如期盛开于草原，历数千年而不曾爽约……即便在最苦闷的年代，我们仍要以平和的心灵面对世事，始终与人为善，切勿只以世风日下为念。如此将会得到福报。"也喜欢路德的一句话："即使明天就是世界末日，今天我仍将栽下苹果树苗。"不论什么时代，我们总要面对各种混乱，总要面对各种动荡不安，甚至灾难，能够帮助我们的，只有我们内心的勇气和爱，尤其是爱，几乎可以说，"爱"是人类生活最高，也是唯一的法则。

王凯丽（Keily wang）
80 后跨界媒体人，艺术收藏家。

$\dfrac{1}{3}$ 观 察

裙 摆 理 论

TANGO

$\dfrac{1}{3}$

观察

李佳佳

罗杰斯谈中国是 21 世纪之重
& 中国式投资

我爱中国，每次谈到中国都很兴奋。

但我不能搬到这里住，因为我想来住的城市，都污染太严重。

我不想让我的女儿们呼吸到污染过的空气。

我自己也不想呼吸污染过的空气。

吉姆·罗杰斯
(Jim Rogers)

出生于 1942 年，国际著名的投资大师、经济分析师和金融学教授。他具有传奇般的投资经历，曾两次一边环球旅行一边投资，并被列入吉尼斯世界纪录大全；曾与金融大鳄索罗斯共同创立了令人闻之色变的"量子基金"，连续十年年均收益率超过 50%；同时也是罗杰斯国际商品指数（RICI）创始人，人称"奥地利股市之父"，与巴菲特、索罗斯并称"世界三大投资大师"，巴菲特称其"对大势的把握无人能及"。

1970 年，他和索罗斯共同创立了量子基金，之后的十年当中，量子基金的复合收益率达到 37%，超过了同期巴菲特的 29% 和彼得林奇的 30%。1980 年，在华尔街同行们大都以美国本土为主战场时，喜欢特立独行的罗杰斯却决定开辟海外市场，开始了独行侠般的环球旅行投资生涯。1984 年，罗杰斯突然做多当时低迷的奥地利股市，三年后，奥地利股市奇迹般复苏，正当国际买家纷纷做多之时，罗杰斯于 1987 年的春天抛售其持有的全部奥地利股票，此时距三年前股市已上涨 400%~500%。同样，在德国、葡萄牙、新加坡、巴西、印尼和中国，罗杰斯不断发现并介入低估股票，却又在瑞典、挪威、日本做空高估股票。他还涉足过博茨瓦纳、阿根廷、厄瓜多尔、哥斯达黎加、南非等多个新兴市场。2013 年"五一"假期，有一条微博迅速走红，说到"金融大鳄"，今天多了一个名词叫"中国大妈"，瞬间，价值 1000 亿人民币的 300 吨黄金被中国大妈们"扫"了，整个华尔街为之震动。华尔街投多少，大妈们买多少，在这种对赌中，高盛率先退出做空黄金。

谈中国是 21 世纪之重

李佳佳： 您觉得中国大妈成功阻止了黄金价格下跌这件事情合理吗？

罗杰斯： 黄金已经有一段时间停止下跌了，在我看来，黄金价格会徘徊一阵子，但在未来的几周或几个月，会回落到一个新的低点。我觉得未来肯定还有购买黄金的机会，到时我们再看中国大妈的判断是否正确。但我自己还在等待，在黄金价格下降的时候，我就已经买了一点黄金，我没有卖任何黄金，因为我认为未来还会有更多购买黄金的机会。

李佳佳： 让我们看看金价。2002 年 10 月，在达到 1800 点后，黄金价格一直下跌，直到跌出了 1550 点大关。您认为会回升吗？

罗杰斯： 金价或许会回升到 1500 点 或者更高，不过我认为未来还会有购买黄金的机会。我不觉得我们看到了金价的最低点，我没有抛售任何黄金，反而在等购买更多的机会。

李佳佳： 那么金价下跌的原因是什么呢？

罗杰斯： 主要的原因是金价已经连续 12 年增长，在我们看来，佳佳，任何物价如果持续不间断地增长 12 年，是非常不正常的。这是历史上不曾有过的，所以金价早就该被调整。而现在，这正在发生。我们知道印度和中国是世界上黄金的最大购买者，但是印度的政治家每天都在试图增加购买黄金的难度。

罗杰斯： 一部分美国经济肯定正在复苏，佳佳。美国政府和中央银行在过去的五年中印制钞票，花费数额巨大的钱。得到这些钱的人，当然生活改善了很多。他和他的朋友们，都会感到生活美满。但其实整体的情况并没有改善，债务每天都在增加。佳佳，如果你给我 1 兆美元的话，我可以给你一段很美好的时光，我们可以很开心地一起去跳舞。如果我们必须把钱还回去，或者这不是真实的，这就是问题的所在。美国就是如此。这种人为的、虚假的经济情况，还在欧洲、日本发生，再这样下去，我们的结局会很糟糕。尽管现在可能运作良好，未来肯定会出现状况。

李佳佳： 您认为美国联邦储备局会放慢经济刺激计划吗？

罗杰斯： 美国现在每月的花销是 855 亿美元。日本曾说过他们会印无限量的钱。"无限量"是一个很宏大的概念，我相信世界不会坐以待毙的。总有一天，有人会说"这不能再持续了，太疯狂了"。并且我不认为他的观念是正确的。

李佳佳：您提到了通货膨胀，通过量化宽松政策的运作，美国现在面临着通货膨胀的压力吗？

罗杰斯：中国有通货膨胀，澳大利亚有通货膨胀，中国台湾、挪威，很多地方有通货膨胀，不过美国是唯一一个说谎的国家，他只会说"我们没有通货膨胀"，不过他们有。

李佳佳：关于美国经济，我们知道奥巴马总统提过美国应该制造业回归，制造更多的工作岗位给本地人，而非外国人。您认为中国是否不再是"世界工厂"了呢？

罗杰斯：不是这样的，中国将会成为 21 世纪最重要的国家，佳佳。

李佳佳：真的如此乐观吗？

罗杰斯：是的，非常。不过，中国的确有它的问题，每个国家都会出现问题，中国也是一样的。不过中国会成为 21 世纪最成功的国家。美国会重拾制造业吗？某天可能会，不过近期不会发生，至少不会大规模地发生。对于做生意来说，美国是一个非常昂贵的地方，并且困难，因为有很多管制、法规、诉讼，美国并不是一个做生意的好地方，这就是为什么人们在逐渐离开，并把自己的业务转向其他的地方。

李佳佳：那中国是一个适合做生意的地方吗？

罗杰斯：中国要比美国好很多，不要误会，（美国）当然有其他很好的地方，但中国肯定是一个做生意的好地方，至少比美国要好。

背景
资料　1999 年 4 月，罗杰斯（再次）来到中国，他惊讶地发现，他所看到的中国既不同于西方媒体的一些报道，更不同于他自己多年前的印象。面对如此巨大的变化，他开始坚信，中国将成为 21 世纪世界重要的经济中心，甚至开始劝说美国人赶紧学中文，而他的两个女儿都从两岁起就在学中文。

李佳佳：您说了很多关于中国未来经济的好话，您为什么会如此乐观呢？

罗杰斯：这里是资产聚集的地方。世界上最大的债权国是中国，而世界上最大的负债国是美国。比如说，中国在最近 30 年中做了很多对的事情，同时，美国在这 30 年却逐渐衰落。这并不意味着中国将继续成功下去，但是，佳佳，中国是所有我了解的国家当中唯一一个曾不止一次拥有过繁荣时代的国家，罗马曾繁荣过一次，埃及曾繁荣过一次，英国曾繁荣过一次，不过中国曾繁荣过三次或四次。我不知道为什么，可能是这里的基因或水土。总是因为某个原因，中国变得繁荣昌盛、瓦解而又一次变得繁荣昌盛。没有任何其他国家曾做得到。

李佳佳：所以您对中国非常自信？

罗杰斯：是的，我非常自信。不要离开中国。

李佳佳：当然，那么您觉得人民币在未来会升值吗？

罗杰斯：我拥有人民币资产，并且我不打算卖掉我的人民币，尽管未来人民币会因一些原因而贬值，我希望人民币继续升值。

李佳佳：在人民币逐渐升值的背景下，当人民币的兑换率越来越高的时候，中国出口商会越来越受压榨。

罗杰斯：我知道，中国出口商会挣扎。拿日本来说，日元在几十年中升值了800%，但日本仍然跟美国维持着贸易顺差。这些日本出口商挣扎了很久，但他们出口给美国的商品，仍然多于从美国进口的商品。中国出口商会挣扎得非常厉害，但对于中国的发展，我比中国人更自信。你们会作出相应调整并适应的，有些人会歇业，但中国在未来的几十年内，整体会变得更好。

李佳佳：但是劳动密集型产业是主要行业。

罗杰斯：对，这就是我说的中国会调整的，中国会像日本一样，找到通往成功的路。在和英国竞争的时候，美国面对了同样的问题，英国可以制造几乎世界上所有的东西，然后美国跟上了，美元越来越强，最后它调整了，改变了，便把英国比下去了。日本同样把美国比下去了，中国正在崛起，并会把其他人也比下去。但这种情况不会长久，佳佳，总有一天，比如说100年以后，我们会坐在这儿，谈论中国的竞争力不强，人民币的高汇率，等等。不过不要担心，在那时候，中国会是世界上最富有的国家。

李佳佳：在劳动力成本不断提高以及人民币不断升值的背景下，我们应该怎么调整？我们没有那么多创新。

罗杰斯：是的，你们将会有更多创新。日本、美国以及所有其他国家，都是这么过来的。你们会制造更多机器，更自动化，找到提升竞争力的方法，以便让中国保持领先，并继续发展。人民币也会升值。

李佳佳：升值多少呢？

罗杰斯：我不知道。但日元在几十年内升值了七八倍，尽管如此他们仍拥有着贸易顺差。

李佳佳：中国可以复制这种情况吗？

罗杰斯：当然可以，你们比日本人聪明，并有更多潜力。日本只是一座岛屿，没有自然资源，只有有限的劳动力，你们有更好的资本及潜力。

背景资料　1999 年 5 月，金融危机席卷亚洲，罗杰斯在途经上海时，特地开立了账户。建仓后，他持有的几支股票持续下挫，罗杰斯却不为所动，一股也未出手，直至后来股价上涨 5 倍多。罗杰斯说，之所以如此坚定地持有，是他对所持股票的基本面作了充分的分析研究，看到价值所在。面对如今低迷已久的中国股市，罗杰斯依然认为，长线持有才是王道。

罗杰斯：我持有 B 股、S 股、H 股、ADR（在美国上市的中概股）、欧洲贸易股，我持有很多中国股。

李佳佳：您对中国股市乐观吗？

罗杰斯：我现在没有再买中国股，我在上周买了几股，不过大致上来说，自从 2008 年 11 月我就没有买过中国股了。我在等待中国股价下降，如果下降很多的话，我希望我会聪明地买更多中国股。如果我找到了很好的中国公司，并且他们的股价不太贵，我可能会买更多。我今天来到北京，就是为了去探访一家中国公司，并且我在考虑买他们的股票。

李佳佳：哪个领域？

罗杰斯：是文化，中国文化。你们政府已决定他们会强调中国文化。中国文化历史悠久，有过衰落的时期，不过现在你们的政府将重新鼓励中国文化，所以当中国文化再一次崛起，我会想找到更多我想去投资的公司。也许，数字文化产业将会成为新的投资热点，以娱乐音像起家的中国公司让我很好奇。

我刚买了一家铁路公司的一些股票，不过我目前什么都不准备做，我主要在等中国股市急挫的时机，如果下挫，我会再买很多股票，我只在崩盘的时候喜欢买东西。比起在价高的时候买入，我更喜欢在价低的时候买入，这是我对于投资的态度。

李佳佳：您对于中国股市有一个短期、中期或长期的目标吗？

罗杰斯：只有长期的目标，我的中国股不同于任何其他投资。我的中国股是为女儿们买的，并且是非卖品，我拥有的其他股票都是可卖的，包括德国以及美国资产。我想 60 年后,女儿们会说"他当年应该是一个聪明的老头,我们拥有这么多中国股,看我们多富裕"。这就是我的计划。中国将会是 21 世纪最重要的国家,所以这些股是留给女儿们的。

李佳佳:您会为了您的女儿们而长期地持有中国股吗?

罗杰斯:对,甚至永远。在我活着的时候,我不打算卖掉任何中国股。

背景
资料　　从 2008 年至今,罗杰斯一直预言中国房地产市场将出现调整,部分投机者将面临破产,但他仍看好中国楼市的长期前景。

李佳佳:让我们来谈一谈中国的房地产市场。您认为中国的房价存在泡沫吗?

罗杰斯:你们的政府认为房价太高,并正试图拉低房价。在一些城市房价的确太高,我也希望政府会作出调整。问题是,佳佳,你们的政府,已经在近十年说过很多次了,物价升高,紧缩,下降一点,又松掉了,并越来越高。我本以为中国政府会采取强硬的措施让物价紧缩,人们受些苦,从而使物价下降,到最后我们都会更好过,但是到目前为止,他们还没有这样做过。每一次政府变得更强硬,物价就下降,松掉,又回升。

李佳佳:所以您认为这些政策会有效?

罗杰斯:如果加强实施的话,会有效。前提是如果你提高利率,加强限制,遵守政府做事情的承诺。

李佳佳： 我认为平衡政府的控制和市场的威力，有很大的难度。您对中国有什么建议吗？

罗杰斯： 让政府做它想做的任何事情，只是必须让市场来权衡房地产。利率正由政府制定，汇率被政府干预，很多物价被政府补助，政府不可能远离所有经济行为。但佳佳，你要记得，中国政府是过去 30 年来最为成功的政府，世界上没有任何一个国家在过去的 30 年中像中国一样成功。尽管你们的政府犯过一些错误，其他国家仍希望过去 30 年的发展，像中国一样顺利。

背景
资料　说起环球旅行，年逾七旬的罗杰斯手舞足蹈，连比带画，快乐得像个孩子。他曾经两次环游世界，第一次在 1990 年，骑着摩托车花了近两年时间横跨 50 多个国家。第二次是 1999 年，开着奔驰旅行车历时三年，途径 116 个国家，横越 245,000 公里，从冰岛出发，经过欧洲、日本、中国、俄罗斯、非洲、南极、澳大利亚、南美洲，最终回到美国。这两次，他都创造了吉尼斯世界纪录。

李佳佳： 您还记得您第一次来到中国的情景吗？

罗杰斯： 我还记得第一次来中国是 1984 年，我记忆犹新。当时来的时候怕得要死，因为在美国的时候，一直都被灌输关于中国的政治宣传。

李佳佳： 负面的？

罗杰斯： 负面的，当然。美国从来没有说过那个年代中国的好话，然后我发现，他们告诉我的所有关于中国的话都是假的。像所有的政治宣传，大多数来自于任何国家任何时期的政治宣传都是错误的。我来到中国，发现这里的人民聪明、工作努力、有上进心，这是一个非常好的地方。

李佳佳：哪个城市？

罗杰斯：广州、上海、北京、西安，我去过很多地方。我尝试是否能骑着摩托车穿过中国，但他们觉得我疯了，我想我也是。不过最后他们还是同意了。我在 1986 年骑着摩托车环游了中国，1988 年，我从上海骑到了巴基斯坦，旅程中还拍了一部影片，当时没有人曾骑着摩托车穿过中国。

李佳佳：那您现在还有计划重做一遍吗？现在。

罗杰斯：我在 1990 年又骑着摩托车穿过中国，在 1999 年也开车穿过了中国，我现在没有任何计划，我希望我的女儿，在长大后带我再次开车环游中国，她们可以当我的翻译。

李佳佳：除了投资，旅游是您最大的爱好吗？

罗杰斯：原来是，不过现在我拥有两个女儿，所以我最大的爱好是女儿们。女儿们是 2003 年和 2008 年出生的，她们是我最大的爱好。除了她们，我不愿跟任何其他人出去玩。

李佳佳：我听说她们在学习中文，这是真的吗？

罗杰斯： 不算是学，她们从出生就能说中文，她们的中文比很多中国人都要好，我的大女儿刚刚在新加坡一个全国性的中文大赛中夺冠。她是所有学生中最强的。

李佳佳： 她有来过中国吗？

罗杰斯： 当然，她在两岁的时候第一次来过中国，人们不能相信，这个小女孩可以说流利的中文，一个两岁、蓝眼睛、金色头发的白人小姑娘。

背景资料	在采访中，罗杰斯不断重复他想去正在崛起而不是衰落的地方，亚洲会成为世界上最重要的地区，中国会成为 21 世纪最重要的国家。他希望孩子们了解亚洲，说普通话，为 21 世纪做好准备。然而 2007 年，在考察了上海和新加坡之后，罗杰斯最终选择新加坡作为全家人的移民目的地。

罗杰斯： 我爱中国，每次谈到中国都很兴奋。但我不能搬到这里住，因为我想来住的城市，都污染太严重。我不想让女儿们呼吸到污染过的空气。我自己也不想呼吸污染过的空气。不过当城市被治理好后，佳佳，我们会搬到这里来，搬到中国。

谈中国式投资

背景
资料　　罗杰斯的中国投资经历，要回溯到他 1988 年首次环游世界的时候。从那时，初次介入中国公司的股票开始，他便再没放手这个市场。但 2007 年中国股市从 6124 点高位一路下行以来，这位资深投资者却开始了冷静的观望。最近，美国债务危机惊险过关，量化宽松政策前景未明，新兴经济体增速全面放缓，通胀卷土重来，在这样的国际国内大背景下，宏观经济形势将会如何变化？个人投资理财又该怎样决策？有着"最富远见的国际投资家"美誉的吉姆·罗杰斯又来中国了。他毫不掩饰地说："最近几个月，我又买了四五只中国公司的股票。这是我五年来第一次看到机会。"他说将会根据即将召开的十八届三中全会传递的政策信息，进一步有选择地增持中国的股票。

罗杰斯：当中国股市暴跌的时候，我就会买股票。上回我购买有意义的股票，已经是在 2008 年 11 月。我说过在过去几周，我买了几支中国股票，不是因为觉得股市会上涨，只是因为有的中国股票很便宜，并且我想持有。我没有买很多，只买了一些张裕的股份。

李佳佳：我知道，红酒企业。

罗杰斯：我买了一些股份，但我持有很多股份。第一次入手是在 1999 年，最近又买了一些，因为它大幅下跌了，而我依然对这家公司保持乐观的态度。

李佳佳：您现在还对中国股市有信心吗？

罗杰斯：我不准备买下整个中国股市，但我持有张裕股票 14 年了。

李佳佳：您不会卖掉它？

罗杰斯：不不不，张裕股票，我会留给我的孩子。我来到中国经常喝张裕，不会卖掉。我是一个公司的董事，最近买了一家位于北京的叫"FAB"（精彩集团）的公司股票，它是一家在纽约交易的北京公司，那不是一支 A 股，你可能会说那 A 股呢？我才不在乎 A 股，我不买 A 股。但精彩集团是一间中国的公司，它在纽约交易，那不是 A 股，我上几个月买了几百万人民币的股份，因此我成为董事，并且对这家公司的未来感到乐观。所以我没打算买中国股票，但如果张裕股票下跌，我会买更多。这就是我在做的事情，但我不准备买中国的股市。

【画外音】　提及个股的选择标准，游走全球的罗杰斯俨然成了一个十足的中国通。"紧跟政策"是他反复提及的诀窍。罗杰斯认为，政府制定政策方向，并对此进行大的投入，一定会有相关行业受益。因此投资者必须敏锐了解政策举措，并且参与其中。基于这一判断，他坦言自己已经投资了一家媒体信息公司和一家铁路设备公司，并且对农业、环保、金融等行业也十分看好。

罗杰斯： 十八届三中全会将在下周召开，这会持续几天，而且届时将公布一些新动作。我在耐心等着，他们看重的是什么，因为他们所看重的，在几年以后会变成投资热点，并在那些行业投入很多，所以我想知道他们会做些什么。但如果他们做了，我希望我够聪明地买了那些行业的股票。他们似乎会对金融行业放松管制，他们会减少限制。你知道，过去 200 年里中国的金融方面并不那么有活力，由于很多原因，现在变得好了很多，但还是太多限制，范围太小了。如果他们放开了，金融行业的人会（走运了）。我最近入手了一些中国的金融股票，非常少的股份而已，如果他们开放金融行业，你就该考虑买一些金融公司的股票了。

李佳佳： 您听说过上海自贸区吗？

罗杰斯： 是的，我听过。我希望它会发展到整个中国。

背景资料　2013 年 9 月 29 日，上海自由贸易区正式挂牌成立，是中国大陆境内第一个自由贸易区。在各项创新政策之中，金融领域的试点最为引人关注，包括开放人民币资本项目，构建离岸金融中心构想等等。

罗杰斯： 自由贸易区是个很振奋人心的概念，但中国，佳佳，你知道这不是 1990 年，这是 2013 年，中国现在是个很强大很成功的国家，他们应该开放所有东西。当几十年前，邓小平去到深圳，并说"我们致富吧"，你看得到深圳和华南发生了多大变化。

李佳佳： 除了金融，其他行业会受益吗？

罗杰斯：会的，如果他们真的开放，并鼓励金融行业，那么是的。你应该报道，你必须见证他们将有什么新举动。我知道他们要做很多事情，让中国干净起来，治理污染等等，他们将要做更多事情，来让中国干净起来。我指中国的（污染），你懂的，走出去，呼吸，喝水，所以他们要做更多来让中国干净起来。我们会发现谁会获得更多的资金。政府准备花很多钱，找出谁会得到这笔资金，也许你就要投资这些公司，你也可能会因此获益。

李佳佳：所以环境保护行业也是一个值得看好的行业？

罗杰斯：我们看看他们做什么吧。如果他们做了我觉得会做的事情，那可能会是个绝好的机会。还有农业，你知道中国的进口食物，你知道在历史上中国是世界上四大文明古国之一，但现在不再是了，因为很多问题出来了。我猜他们准备大力鼓励农业，你该做的是成为一个真正的农民。我觉得你大概不想当一个农民，你会开拖拉机吗？

李佳佳：我不会。

罗杰斯：你不会开拖拉机，我能建议你学开拖拉机吗？

李佳佳：真的吗？

罗杰斯：你不想开拖拉机学做农民，还是说你喜欢电视行业，那你应该成为农业节目主持人，你会很成功的。我认为政府将要做很多事情来发展中国农业。

李佳佳：您提到中国现在的空气污染，我认为情况越来越糟糕。在许多地区，有的人说，这是为了经济发展必须付出的代价，您同意吗？

罗杰斯：无论你是否得为了经济付出代价，这是经济发展的一部分，它一直就是这么运行的。当我 1960 年代搬到纽约的时候，那里很脏。如果你的窗户一直开着，然后去上班，回家的时候，你会发现到处都是灰尘、雾霾。你的枕头上都是肮脏的东西，到处的空气都很脏，就算在美国也是如此。但是因为美国得到发展，当时没人关注环境，每个人都想致富，所以每个人都是又脏又富裕的，然后他们会说"我们用污染而变富裕的钱来治理环境吧"。现在美国干净多了。这种情况到处都有，是的，这就是代价的一部分。如果人们开始发展经济的时候就能聪明点，他们会说"等一下，我们要保持干净"。但没人这样做，没一个国家做过，他们总是兴奋地想要致富，他们不在乎变脏，他们总是之后才在乎。

背景
资料
　日前，有房地产分析师指出，全国大多数城市 9、10 月份的成交量创下近几年以来的新高，上海、南京、杭州、武汉等城市，新房销售面积达到 2010 年调控以来的最高点。相当一部分城市销售面积已经超过了 2012 年全年的总和。然而，与一二线城市量价大幅齐升的局面不同，不少三四线楼市，陷入了增长疲软期，不仅增速缓慢，甚至有所下降。

李佳佳：我们来谈谈房地产市场。您知道，政府分析人士表达了对过高房价的担忧，承认目前中国三四线城市房产泡沫正在继续破灭，您赞成吗？您打算继续观望吗？

罗杰斯： 我继续观望。

李佳佳： 那您不觉得房价会在未来越升越高？

罗杰斯： 会的，因为你们的政府过去就说过（担忧房价），但没有采取有效政策，但他们应该制造了很多舆论。现在，智囊团、媒体、政府，全都在制造舆论，让我们看看之后几周大会将传递什么信号吧。但是，除非他们说"好吧，让价格继续走高"，不然我不会买，我只会旁观。我猜他们会说，我们要做点事情来降温。如果他们真的做了，为什么我要怀疑，为什么其他人要怀疑。

背景资料　2013 年以来，此前一直高歌猛进的国际金价持续走低，4 月中旬从 1550 美元每盎司，下探到了 1320 美元（每盎司），并于 6 月底击穿 1200 美元（每盎司）。随后略有反弹，然而很快便再次直线下跌。目前在 1300~1320 美元的区间徘徊。一直对投资黄金情有独钟的罗杰斯表示，金价跌到 1000 美元以下，他才会选择大幅增持。而去年，他曾大胆预计，金价最终将站上 2000 美元。

李佳佳： 您觉得现在是合适的时候吗？

罗杰斯： 我现在不准备买黄金，你知道我持有黄金很多年，我希望未来一两年有更好的机会买黄金，如果真的有，我希望能够明智买多点。我现在不准备买，但我也从没卖过黄金。如果它跌价了，我希望自己足够聪明多买一些。

李佳佳： 近期会大跌吗？

罗杰斯：所以在买之前我在等着。如果美国现在跟伊朗打仗，我明天就买黄金。因为黄金价格将会升到最高位。但现在我知道世界和平，除非黄金跌价，不然我不准备买。

背景
资料
2013 年 10 月 17 号，美国国会在最后一刻达成协议，上调 16.7 万亿美元债务上限，并将财政部发行国债的期限延长至 2014 年 2 月初；为政府提供运营资金的期限，延长至 2014 年 1 月 15 号，从而终于结束了美国政府部分机构关闭 16 天的局面，将美国从债务违约的悬崖边拉了回来。奥巴马说："17 年来第一次美国政府停摆现在已经结束，200 年的首次债务违约将不会发生。"

罗杰斯：美国是目前世界上最大的债权国，佳佳，从来没有任何一个国家深陷债务如此之深，并且情况也在不断地恶化，美国的当权者却依旧在忙着玩游戏而不是解决问题。他们喜欢在电视上露面，他们喜欢向所有人声明"我们很着急，非常着急"。然而他们就是不解决问题，这只是一个幌子。问题仍旧在不断地恶化当中。

李佳佳：那么您认为这次的危机没有成功地解决？

罗杰斯：当然没有，佳佳，离解决还远着呢。这只是一个游戏，危机还是会出现的。债务危机在过去的 30 年时间里，问题十分严重，而美国的债务危机也越来越严重，债台越筑越高。然而在游戏结束之后，问题仍旧需要解决。

背景
资料
美国的债务违约风险牵动着全世界的神经，2013 年 8 月，中国已经
环比减持 112 亿美元的美债，持仓量至 1268 万亿美元，但仍为美
国最大债主。当月，标准普尔下调美国长期主权信用评级，从"AAA"
下降至"AA+"，评级展望为负面。

李佳佳： 那么您认为美国联邦储备局将会采取什么措施？

罗杰斯： 他们做不了什么，联邦储备局除了会使问题继续存在外，什么都做不了。联邦储备局和美国央行将会持续印发钞票，继续提供越来越高额资金让债务越积越多。

背景
资料
2013 年 10 月 9 号，就在美国政府部分停摆期间，奥巴马正式提名
下一任美联储主席，与前一任伯南克一样，耶伦也是量化宽松政策的
支持者。是否退出，何时退出，怎样退出，耶伦的决策备受关注。

李佳佳： 但是很多人说耶伦女士上台开始消减 QE 规模。

罗杰斯： 佳佳，不可能的。耶伦女士和美联储其他人一样，首先如果她和其他人不同，她就不可能获得这份工作。那么她所说的所有的话都和其他人说的没有区别。她认为我们需要通过印发钞票来保持经济，从而远离失业，因此她将做着同样的事情。佳佳，我告诉你，耶伦女士就好像一个经济学家，她会说"好的，我们现在遇到问题了，我们要停止量化宽松"。她不想一上台就看到世界坍塌，所以她会继续（量化宽松）。首先她想继续，其次就算她不想继续，她也不想出局，也不想被暗杀，也不想被毁灭，但这正是最后必定会发生的。

背景
资料　国际咨询公司尼尔森 10 月 30 日公布的第三季度调查报告显示，在
经济复苏迹象愈发明显的推动下，欧美消费者信心显著提高，其中美
国消费者信心指数创下了六年来的最高水平，欧洲消费者信心指数也
大幅上扬。此外，美国股市已经升至记录高位，创造的财富效应也进
一步鼓舞消费者进而促使经济回暖。然而对此趋势，罗杰斯的悲观溢
于言表。

李佳佳： 所以您不认为经济复苏的趋势会持续？

罗杰斯： 我认为会复苏，如果我们不断印发钞票的话，经济会继续复苏，这
种趋势将保持几个月，还是一到两年，我不知道。但是最终它是要走向结束的。

李佳佳： 那么要想把世界经济带回正确的轨道，什么是必须的？

罗杰斯： 首先我们都必须承认并且了解我们犯了错误，现在我们必须要处理这
个错误，但那将给我们带来痛苦。因为有人将要对这些债务和超出的花费负责。
每一个欧洲国家，今年的债务都比去年的要多，明年的又会比今年多。但是，
解决这些债务的方法不是借更多债，然而这却是当前他们正在做的。他们的
唯一途径就是停止花钱，开始偿还债务，那会给人带来痛苦，但没人想要痛苦。
不幸的是，最终有效的方式就是市场说"我们不会再这样做，我们有过 50 年
或 60 年的快乐时光"。但最终，我们所有人都会说"我再也不玩这个游戏了"，
并且我们都将遭受巨大的痛苦。如果我们现在停手最好，然后试着去处理我
们的伤口，控制疼痛而不是让疼痛落到我们头上。

李佳佳：如何控制疼痛呢？

罗杰斯：停止花钱，拿出你的斧头，不行，斧头还不够给力。你必须拿出电锯去切断支出。

李佳佳：但另一方面，这里有一些外国投资者、机构以及分析员说到世界经济的引擎正在回归到发达国家，而不是包括中国在内的新兴经济体。

罗杰斯：这是有历史记载以来，第一次所有主要国家政府都在印钱。日本、欧洲、英国、美国，所有国家都在试图通过印发更多钞票来使自己的货币贬值。这在历史上从来没有发生过。有些人肯定是能过得更好了，总体的大趋势却是越来越糟糕。这个人工湖的水平面不断上升，最终将导致堤坝坍塌，然后湖水将往外面流去，我们当中的许多人，将会沉没。我希望你不是那些沉下去的人当中的一员。我希望你的观众们也不会沉下去。但所有人都必须为此担心，并必须警惕。

背景资料　罗杰斯曾在多个场合中提到"19 世纪是英国的世纪，20 世纪是美国的世纪，21 世纪时中国的世纪"。2007 年，他身体力行贯彻自己的判断，举家移居新加坡，并让两个女儿从两岁起便开始学习中文。

李佳佳：那中国怎么样呢？中国这些年经济并不太好，您知道今年的经济增长率持续放缓。

罗杰斯：中国政府在过去的 30 年里是做得最好的政府，你们的经济建设做得非常好，中国现在是世界第二大经济体，但相比于欧洲、美国和日本，中国只是他们的十分之一，他们是中国经济的十倍，因此不管中国的经济建设做得多么好，如果其他国家经济情况很糟糕的话，你们也将会遭受痛苦，你们也不会成功。这并不是指中国的所有人，而是一些地区当世界经济糟糕时也会受影响。事实上你们已经受到牵连了，但中国经济依然比全球很多地方情况要好。美国是世界上最大的债务国，中国是世界上最大的债权国，而我宁愿做个债权人，而不是债务人。

李佳佳：经济增速放缓不仅仅发生在中国，也发生在大家所说的"金砖五国"之中，那么您对发展中国家的经济状况还是如此的乐观吗？

罗杰斯：首先，"金砖五国"是一个荒唐的概念，根本就没有"金砖五国"的说法，有些不知道自己在做什么的人捏出来的名词，根本不用放在心上。这五个国家根本没有什么共同点，他们当中唯一做得好的就只有中国，其余国家都有着严重的问题。

李佳佳：这是不是说您对中国将来的经济状况依然持乐观态度呢？

罗杰斯：中国也会有问题，我不知道是什么，为什么，会在什么时候。但是每个国家在发展的过程中，都必定会出现问题。中国将会成为下一个伟大的国家，不管将来会遇到什么问题。美国曾经有过许多问题，但美国成功了，中国也会，不用担心。

李佳佳：好的。但是我想举出另外一个例子来反驳您的观点，香港富豪李嘉诚最近出售了他在内地和香港的资产，有报道称他的公司在欧洲和美国有所动作，您怎么看呢？

罗杰斯：但是在香港出售房产是一件很明智的事。

背景
资料　　今年年初，面对香港房地产价格的飙升，特区政府连番出招调控，华人首富李嘉诚的长江集团于是选择以略低于市场的价格快速出货回笼现金。今年 8 月以来，李嘉诚的长和系又先后售出位于广西和上海的两处商业物业，总计套现达到 120 亿港元。与此同时，李嘉诚开始频繁抄底欧洲。目前长江集团控制着近三成的英国天然气市场、四分之一的电力分销市场以及约百分之五的供水市场。

罗杰斯：香港政府曾经遭受过经济泡沫，但现在香港政府正在极力使经济热度降下来，无需非常敏锐也能判断该出手香港资产。基于目前的情况，李嘉诚十分聪明，他能判断目前的情况，因此选择出售资产，但我并不看好他把部分资产投入欧洲的决策。现在欧洲的情况是不太乐观的，我是不会把钱投入欧洲的，不会把太多钱投入，也不会把钱放在英国，甚至北美地区。当然目前有一些状况不太景气，我觉得亚洲的一些地方会比较适合他去存放他的资金。不过他比我聪明多了，也比我有钱，我是不会告诉他要怎么做的。但我也不会效仿他，因为所有人都会犯错误，也包括我。

张晓刚 等

他们感受到的变化
他们如何面对变化

生活最大的变化是低头看苹果。
社会最大的变化是城市似魔界。

逍遥工作室询问了 12 位在各个领域成就卓越的人士有关社会变化的 4 个问题，
他们的回答蕴涵了各自的经验和洞察，具有启迪意义。

01 你觉得这 20 年来人类生活最大的变化有哪些？

02 你觉得这 20 年来中国社会的变化有哪些？

03 现在潮流日新月异，比如手机、电脑换代的速度
非常快，你个人如何面对这种快速的潮流？

04 你觉得在这个变动不已的时代，
是不是有些东西其实并没有变化？

< 张 晓 刚 的 回 答 >

张晓刚

国际著名
艺术家

01　这 20 年人类最大的变化是互联网对人类生活的控制。

02　中国在这 20 年来为了 GDP 的增长，对自己的文化传统和自然环境进行
了摧毁般的破坏，付出了无法弥补的惨重代价。

03　面对快速变化的潮流，只能各取所需吧。

04　人对时间的痛惜和死亡的恐惧永远不会变。

< 赵 继 臣 的 回 答 >

赵继臣

中国平安银行
总行副行长

01　科学技术是第一生产力，现代社会的人类生活与科技密不可分。特别是
近 20 年来，随着世界范围的科技进步日新月异，以信息科学、生命科学为标
志的现代科学技术突飞猛进，信息技术、生物技术、通讯技术、纳米技术等
领域不断获得重大发展，使得人类生产力获得大幅度的提升，人类的生活也
随之发生了翻天覆地的变化。当然，最引人瞩目、与人类生活密切相关的当
属目前正在发生的信息技术革命。

人们正在向智能化、个人化的综合业务数字网技术的方向发展，人们之间的
沟通距离将被无限地拉近。

01 你觉得这 20 年来人类生活最大的变化有哪些？
02 你觉得这 20 年来中国社会的变化有哪些？
03 现在潮流日新月异，比如手机、电脑换代的速度非常快，你个人如何面对这种快速的潮流？
04 你觉得在这个变动不已的时代，是不是有些东西其实并没有变化？

02 中国社会从 1978 年改革开放至今，经济建设已经取得了诸多显著成就，人民生活水平稳步提升。在全球科技浪潮的推动下，中国社会也正在经历着重要的变化。一大批新技术企业相继成长壮大，正在成为中国经济社会生活必不可缺的重要一环。

特别是互联网领域，中国社会的变化更是与世界同步。截至 2013 年 6 月底，我国网民规模达到 5.91 亿，互联网普及率为 44.1%。在今年上半年的互联网发展中，手机作为上网终端的表现抢眼，不仅成为新增网民的重要来源，在即时通信、电子商务等网络应用中均有良好表现。与此同时，我国手机网民规模达 4.64 亿，网民中使用手机上网的人群占比提升至 78.5%。3G 的普及、无线网络的发展和手机应用的创新促成了我国手机网民数量的快速提升。

其中即时通信网民规模达 4.97 亿，是各类应用中增长规模最大的；而作为近年来涨幅迅速的互联网应用，电子商务类应用在手机端应用中发展迅速，其中手机在线支付网民规模增幅较大。数据显示，截至 2013 年 6 月底，我国使用网上支付的网民规模达到 2.44 亿。此外，手机购物、手机团购和手机网上银行等也有较大增长。

由以上可见，互联网特别是移动互联网技术在中国的发展，真的是改变了人们的生活。早上睁开眼用手机查看雅虎天气预报，然后出门刷手机乘地铁，乘车时间阅读手机报；午饭时间用大众点评网进行在线支付买楼下快餐店套餐；下班后通过微信联系好友，使用手机钱包购买电影票观影，并随时把心得发送到微博上。你可以想象拥有移动互联网的一天是多么的便捷。

03　第一是培养兴趣，始终对前沿科技潮流保持敏感性。需要更多的跨界，与不同行业的优秀人士交流，不要固守自己的圈子，切忌闭门造车。第二是不断学习，了解新的科学技术。第三是思考如何将最新的科技潮流融合入自己的工作与生活，比如移动互联网的应用，作为金融企业，我们是否也可以提供更加快捷的产品与服务。

04　是的，不管怎么变化，对于人才的需要是不会变的。人是最基本的存在是不会变的。再好的工具，没有可以驾驭的人，始终是徒劳无功的。

< 刘广云 的回答 >

刘广云

旅德当代
艺术家

01　具体到日常生活方面就是书写方式的改变。现在能看到的最早保留文字的方式是碑刻，然后是木板印刷，笔墨书法。20 年前常用的还是硬笔书写，今天变成了晃眼睛的电子书写。以前储存思想的是书楼，20 年前还主要是图书馆，现在是硬盘，这种变化还不仅是工具方式，是味道改变了，刻在碑上、写在纸上、藏在书楼里的东西让人有一种敬畏感，我无法面对硬盘怀古伤今。

02　谈钱。20 年前人们羞于谈钱，今天凡事只有谈钱，甚至到了没钱可以理所当然地见死不救的程度。这种变化是触目惊心的，中国人价值趋向的极端性在谈性之后，在谈钱这个现象上又一次暴露无遗。

03　我在技术产品面前相对被动地随大流。

04　这个问题似乎有对肯定答案的预设意味，可要说出来有什么没变需要腾出点时间四处找找，真是不多了，除非我撒谎。谁要期望今天还有 20 年没有变化的事物，他一定是一个喜欢做梦的人，我愿成全他的梦想。可现在如果谁给我谈论他十年后的计划，包括事业和情感，我根本不会相信。

＜ 张 长 清 的 回 答 ＞

张长清

上海虹桥正瀚
律师事务所合
伙人、律师

01　我觉得这 20 年来人类社会最大的变化是互联网改变了人类的生活方式。比如：互联网改变了人们的联络交流方式，以前人们写信、打电话，有了互联网，人们发邮件、MSN、QQ，微信、视频通话，人们天涯若比邻；互联网改变了人们的学习方式，以前人们通过看书看报学习，如今人们上网查资料、看新闻，信息多效率高；包括如今的网上政务、网上社区服务、网上医疗，到今天的互联网金融，互联网无处不在地影响和改变着人们的生活。可以说，人类社会已离不开互联网。

02　我觉得 20 年来中国社会的变化是，经济文化都更加发达了，社会更加文明进步了。如今的物质条件好了，比如人们的住房条件好了，汽车进入家庭，高铁、民航使出行更加快捷。社会保障制度使人们医疗、养老有了保障。人们文化生活更加丰富，看演出、画展、参观博物馆、听音乐会成为百姓生活的一部分。中国办亚运、奥运、世博会，中外交流更加多了，社会文明程度进一步提高。关于大自然的变化，最大的变化是雾霾天气。另外就是食品安全，吃东西以前放心现在不放心。还有就是人表达情感的方式，以前情书类，

他们感受到的变化 他们如何面对变化

01 你觉得这 20 年来人类生活最大的变化有哪些？
02 你觉得这 20 年来中国社会的变化有哪些？
03 现在潮流日新月异，比如手机、电脑换代的速度非常快，你个人如何面对这种快速的潮流？
04 你觉得在这个变动不已的时代，是不是有些东西其实并没有变化？

现在都短信，微信类。

03　面对当今社会快速发展的潮流，我们必须不断学习、接受新生事物，与时俱进，跟上时代发展，适应快速发展的社会，享受社会发展给我们学习、生活、工作带来的便利。

04　是的。在这变动不已的时代，总有一些东西是不变的。变化的多是技术上、形式上的东西，人类社会发展长期形成的一些优秀的本质上的东西是不变的。比如中华民族的优秀传统、人类社会的优秀文化传承等等，人们的价值观、人生观不会也不应随波逐流变化，而应该以不变应万变，这样，在这个时刻变动不已的时代里才不会失去自我。

＜ 李翔宁的回答 ＞

李翔宁

同济大学建筑
与城市规划
学院教授、
美国麻省理工
学院交流教授、
策展人

01　主要的变化：一是对数字虚拟信息的依赖，我们的学习、工作、购物甚至性爱，都可以脱离实体进行；二是信仰的缺失，宗教、政治和生活的各个方面。

02　和第一个问题一样，中国尤甚。

03　我自己不到万不得已不更换，手机，电脑，中意的服饰，不到坏了尽量不换新的。省钱也怀旧。

04　唯一不变的是变化，或者说是时间。

< 沈 其 斌 的 回 答 >

沈其斌

艺术平台
建设者、
艺术资本孵
化者

01　毫无疑问是互联网改变了人类的生活方式。随着信息技术的不断发展，人类生活的时空观被彻底改变了，也导致原有的社会系统将面临全新的挑战，信仰、价值观、时间和空间的纬度，实体的虚拟实现和转换，未来还会发生更为深刻的变化，现在的许多变化主要体现在人类实体的行为方式由信息方式去实现，如价值交换和交易方式，社交社群的微小组织结构，文化娱乐系统新构等，而人类所面临的是未来一切边界的突破，疆界、国别、民族、信仰、制度、系统等，人类将迎来一个全新的时空世界。

02　中国社会的变化也是人类深刻变化的一部分，当然许多东西可以更为数据化说明，如经济飞速发展，城市化进程，人们物质生活水平的改变等，太多变化了。我更要提的是大部分人只看到的是一个现实物质世界的改变，而文化、精神、信仰、道德、价值观的改变是被忽略的，然而同样这种变化也是巨大的，甚至是彻底颠覆性的，丝毫不亚于物质世界的改变，这是我们面临的新的课题。

03　我想追新也追不上。一方面保持年轻的学习心态，另一方面也只能顺其自然，前提是努力适应新的潮流，无法做弄潮儿，但也要做跟潮儿。

04　是的。中国智慧中有以不变应万变的哲学和方法论。其实亘古不变的东西是很多的，物理学中有物质不灭定律，社会学中也有制度系统的稳定结构，人类学中有诸如生物性、人性的先验存在等，看来时代的瞬息万变才是真正永恒的不变。

＜ 乔 珊 的 回 答 ＞

01 人类最大变化：全球化、经济、科技、电子迅速发展，随之而来的是自然环境的破坏、道德观念的淡薄。

02 中国最大变化：（1）国营企业都变为有限公司，利益分配极不公平。（2）很多当官的只顾自己发财，并非为百姓谋福利。（3）各行业充斥假货，在文化行业内更感同身受。（4）人与人之间缺乏诚信，假、大、空恶习已见怪不怪。

03 如何面对快速潮流：顺应潮流趋势，不特意追求时髦。产品为人服务，实用就好。

04 人类在发展，科技在进步，唯一不变的只有生老病死。唯有"顺其自然，笑看人生"。

（一个 20 年同时生活在国内和海外的人的感受）

乔珊

国际古琴
艺术名家

01 你觉得这 20 年来人类生活最大的变化有哪些？
02 你觉得这 20 年来中国社会的变化有哪些？
03 现在潮流日新月异，比如手机、电脑换代的速度非常快，你个人如何面对这种快速的潮流？
04 你觉得在这个变动不已的时代，是不是有些东西其实并没有变化？

＜ 董 国 强 的 回 答 ＞

董国强

北京匡时拍卖
行董事长

01　互联网让世界变小。

02　人们在物质生活得到改善的基础上，开始追求精神层面的享受。

03　跟上时代发展的步伐是我们每个人都需要努力的，我也一样。

04　当然，外在的东西无论怎么改变，人的内心是无法改变的，善良者依旧
善良，卑鄙者依旧卑鄙。

＜ 汉 斯 · 道 维 勒 的 回 答 ＞

汉斯·道维勒
Hans
Dorville

联合国教
科文组织
（UNESCO）
副总干事

01　在过去的 20 年，以一个全球的角度去观察，我认为主要的变化是我们对
所生活的空间空气的污染、水源的污染，同时伴随着工业化的发展进程我们也
牺牲了森林资源——树木，它们的数量在不断减少。另外就是交通工具的暴增
不仅仅对城市空气造成污染，同时人们花在交通上的时间比在家中享受自己世
界的时间更多。

02　从国际方面看，最明显地体现在中国的经济上。人们在缩短贫富差距的
同时成功地享受生活，在政治上是非常重要的因素。如果已经发展了经济，
人们会因为发展了经济而富裕起来，但是我们同时需要清楚地看到在过去 20

观察 ○

他们感受到的变化 他们如何面对变化

01 你觉得这 20 年来人类生活最大的变化有哪些？
02 你觉得这 20 年来中国社会的变化有哪些？
03 现在潮流日新月异，比如手机、电脑换代的速度非常快，你个人如何面对这种快速的潮流？
04 你觉得在这个变动不已的时代，是不是有些东西其实并没有变化？

年、30 年、40 年发展的背后我们对于生活环境的影响，即称之为全球公共资源的空气、水、树木等自然资源，当然还有其他的重要因素。

03　在过去的 20 年对于互联网科技的应用方面，例如微信是很新的一个东西，但是在帮助人们沟通以及彼此理解方面造成了很深远的影响。如果你有着一个对生活在和平年代的理解，我们都会学会适应生活在这个和平时代。无论我们来自哪里，都要知道自己的文化来源于哪里，这个叫国际文化对话破裂。人与人之间互相理解，有些国家存在宗教因素，人们不理解其他宗教并把其他宗教视为一种威胁。当然我们需要接受新的东西，因为人类在不断地进步。

04　从全球角度去看，不变的是人们对于性别平等的追求，人们倡导男女平等。女人和男人一样有相同的社会机遇，一样享受接受教育的权利，包括在工作上面也享有相同的权利，和男人的收入比例也相近，这是一个非常重要的因素。比起我们生活行为上的变化，以及生活中的部分变化以及旅游对于环境的改变，没有变化的是人们爱彼此，对彼此的尊重非常重要，对孩子的关心，对孩子生活环境、教育环境的关心，食品问题、生病、生存，这些是没有变化的。

< 金阳平的回答 >

金阳平

当代艺术家

01　生活最大的变化是低头看苹果。

02　社会最大的变化是城市似魔界。

03　如何面对潮流——空即是色，色即是空，潮流如昙花。

04　一切在变，一切未变，仅是肉身的呼吸。

< 马六明的回答 >

马六明

当代艺术家

01　最大的变化在于人类本身越来越倾向机械化、机器化，在这个社会里我们是什么，能做什么已经变成非常重要的话题——每个人都是社会机器中的微小零件，单一运行也好，组合合并成新的有机体也好，都是在优化人类自身的功能。与此同时，机器毫无保留地改变了人类的生活，现代手机和电脑的不断更新让电视、网络等媒体愈加发达，使得机器成为我们生活的一部分。这应该是人类史上机器和人最接近同质的时代。

02　中国的变化首先是经济上的，改革开放以来我们出现了区别于计划经济却又不同于西方自由放任的市场经济的中国特色的经济，特权阶层和精英分子掌控住大部分资源及资本，完善基础建设的同时全力发展经济，这让中国

他们感受到的变化　他们如何面对变化

01 你觉得这 20 年来人类生活最大的变化有哪些？
02 你觉得这 20 年来中国社会的变化有哪些？
03 现在潮流日新月异，比如手机、电脑换代的速度非常快，你个人如何面对这种快速的潮流？
04 你觉得在这个变动不已的时代，是不是有些东西其实并没有变化？

的商业化加快，形成独具特色的资本运作市场。这种经济决策也在近 20 年改变了人民生活水平和国家经济面貌，中产阶级的迅速扩大，无疑有助于我们向一个更加健康、可持续的政治形态迈进，也对文化事业注以更多的信心和野心。

03　电脑、手机的换代会导致信息流通速度加快，甚至大爆炸。事实上我们已经处在信息爆炸的中心了——这里什么都有，却又空无一物——信息的飞速旋转加上千万个媒体编辑的日夜遴选，知识和观点变得容易取得，安静地独立地思考变得没有必要，于是我们越来越像一台复读机，转述着被包装好的观点。没错，这一切远比听上去可疑。所以在这样快速更新换代、观点乱飞的时代，我个人认为屏蔽信息是急需建立的能力和美德。

04　在变动不已的时代，人类的基本需求是没有变化的。我们依然需要活在这个世界上，并且在取得基本生活能力之后思考我们究竟是谁，在这个社会中占据什么位置，弄清楚自己和社会的关系。落实到最后，不变的是趋向真理的探索精神。

＜ 理查德 · 泰勒 的 回答 ＞

01　20 年来我感触最多的就是文化变得商品化了，商品文化变成主流文化，世界多元文化变得单一，不少语言、文化在消失。作为一个影视后期制作公司，我们也深深沉浸其中。

理查德 · 泰勒
Richard
Taylor

世界著名电影
特效大师，
曾五次获得
奥斯卡小金人

01 你觉得这 20 年来人类生活最大的变化有哪些？
02 你觉得这 20 年来中国社会的变化有哪些？
03 现在潮流日新月异，比如手机，电脑换代的速度非常快，你个人如何面对这种快速的潮流？
04 你觉得在这个变动不已的时代，是不是有些东西其实并没有变化？

02　我去过的地方，中国的大城市令我吃惊，我接触到的年轻同行们，他们思维更开放和大胆。商业化在这里获得前所未有的成功，同时他们的工作热情令我吃惊。和我们有限的工作人员相比，这里是海量的工作人员和海量的加班时间，但也有人事繁冗的缺陷。渴望与我们合作的机构通常要经过层层审核，还是有挺多遗憾的。希望未来和中国有更多合作的机会。中国，越来越国际化。我们，越来越近。

03　我们的作品有赖数字化潮流的机遇，我们很幸运能够后来者居上。这和新西兰教育环境良好有关，高等教育在这里重复普及，互联网虽然有限，但充满热情的毕业生们不断为我们注入新的活力。我们从建模开始的后期制作，其实是枯燥乏味和特别需要耐心的。绚丽的作品来自最乏味的工作，因此我们尽力让员工们在工作之外随心所欲。而面对快速的潮流，我们要做的是不断超越。

04　很好的行业建设是我们擅长的。一开始我们的工作来自同行的推荐。我们追求精致，有时候跟不上行业的节奏，有时候作品损耗很多的资源，但我们为此不惜工本，全情投入，我想这就是维塔精神：绝不省略工序。人类对于所专注的、深爱的事物的投入是永远不变的。

费勇

世界变了，我们怎么办

真正的稳定，是你自己拥有的别人无法拿走的东西，
真正的稳定，是不论世界怎么变你都可以应对的东西，
不论世界怎么变你都可以安心于其间的东西。
真正的稳定，是你变来变去都不离开的那个根本。

千云万水间，

中有一闲士。

白日游青山，

夜归岩下睡。

倏尔过春秋，

寂然无尘累。

快哉何所依，

静若秋江水。

寒山

于是迪安不能搭车和我们一起去市中心，我所能做的只是坐在凯迪拉克后座向他挥手告别。开车的经纪人也不想和迪安打交道。迪安穿着一件特地为了抵御东部的寒冷而买的虫蛀的旧大衣独自走开了，他朝第七街拐了弯，直奔前程。

杰克·凯鲁亚克《在路上》

流水里的世界
和这个世界里的浮云

繁华深处，一颗一颗不安的心。手机出现一点状况，想去买一部新的 iPhone5, 但是，马上有人提醒，iPhone6 就快出来了，还买 5？不知什么时候开始流行一个词：换代。如果是一代的代，那么，一代也许是几十年甚至上百年。但换代的代，不是朝代换代的代，不是一代人的代，而是代替的代：不停地用新的代替旧的。从前，我的祖母还在世，她会和我聊聊从前。从前她结婚时候陪嫁过来的那张小桌子还在，只是油漆已经斑驳。从前，她结婚时候的那张床还在，睡了 60 多年。60 多年，多么漫长的时光。在今天，一件物品，在我们的家里，存在 6 年已经是漫长的时光。

那个时候的乡村，还是老式的房子，瓦房、砖墙。每一栋房子都有一百多年的历史，时光仿佛停止在了每一件家具的纹路里。有一年的夏天，是我研究生毕业的十年后，回到我从前读研究生时的宿舍，发现收发室里的人还是从前那位女孩。那一刻，觉得时光凝固在空气里，十年来的浮沉，其实并没有改变什么。世界一如从前。

然而，即使是从前，每时每刻，我们面对的也是变化不已的世界。那位传达室的女孩已经老了十岁。我想起小时候在乡间，没有电灯，没有电视，几乎没有什么电器。我们生活在一成不变的陈旧的事物里。每天的变化是日出日落，是四季的更替，是树上突然长出了新芽，是河流突然结了冰……. 变化是在老祖母的闲言碎语里，比如，那个嫁到什么村的女孩子年纪轻轻地就成了寡妇；又比如，邻村的那个什么人触电死了……从前是有变化的，从前的变化是四季流转，是人事沧桑，是命运流转。

所以，寒山的诗第一句就是：千云万水间，中有一闲士。在浮云和流水之间，那个人很淡定很自由地活着。当潮流乱纷纷，当意料不到的变化忽然降临，多么想淡定。要淡定，我们常常这样告诫自己，只是很难淡定。很多的情绪随着变化而来，好像很难控制。但是，寒山诗里的那个人却控制住了，活在千变万化里，那些或大或小、或偶然或必然的变化，都不能影响他，也不能困扰他。

云和水意味着自然的天地，自然地活在天地之间，所以很从容。当然，也不妨试着另一番解读。把云读作浮云。经常说：不过浮云。浮云不过是虚妄的刹那消失的事物，不可靠的事物。又有古诗"不畏浮云遮蔽日"，不怕浮云遮住了太阳。浮云成了某种障碍物，某种阻碍我们认识真相的假象。在世间，我们确实活在各种浮云里面，这些浮云可能是华美的青春，也可能是炙手可热的权势，也可能是虚伪的人际关系，也可能是一次甜美的聚会。当然，那些衰老，那些困窘，那些痛苦的分离，也不过是浮云。

浮云意味着世事的变幻。《红楼梦》写尽了这种红尘变幻。一开篇，跛脚道人就吟了一首《好了歌》，甄士隐作了这样的解读："陋室空堂，当年笏满床；衰草枯杨，曾为歌舞场；蛛丝儿结满雕梁，绿纱今又糊在蓬窗上。说什么脂正浓、粉正香，如何两鬓又成霜？昨日黄土陇头送白骨，今宵红灯帐底卧鸳鸯。金满箱，银满箱，展眼乞丐人皆谤；正叹他人命不长，那知自己归来丧！训有方，保不定日后作强梁。择膏粱，谁承望流落在烟花巷！因嫌纱帽小，致使锁枷扛；昨怜破袄寒，今嫌紫蟒长。乱烘烘你方唱罢我登场，反认他乡是故乡；甚荒唐，到头来都是为他人作嫁衣裳！"

这是从前，世事的无常击中了一颗一颗敏感的心。突如其来的灾难，天灾或人祸，都不是人自己能够控制的。生活里处处是变动的因子，突然就会有意料之外。荣衰的变幻，亲疏的变幻，成败的变幻，爱恨的变幻，贫富的变幻，这是人间的万象。每天都在上演的人间万象，人的悲欢各不相同，又大同小异。这是古人的悲哀。

浮云的下面有流水。孔子曾经临河而叹：逝者如斯夫。水的流逝犹如时间的流逝。时间的流逝是生生不息，是一刻都不会停下来的变化。活在时间里，就是活在永恒的变动里。

苏东坡的《赤壁赋》里，写到月夜乘船游览赤壁，同游的那位人非常感伤，为什么呢？那人感叹说："月明星稀，乌鹊南飞，此非曹孟德之诗乎？西望夏口，东望武昌。山川相缪，郁乎苍苍；此非孟德之困于周郎者乎？方其破荆州，下江陵，顺流而东也，舳舻千里，旌旗蔽空，酾酒临江，横槊赋诗，固一世之雄也，而今安在哉？况吾与子渔樵于江渚之上，侣鱼虾而友麋鹿，驾一叶之扁舟，举匏樽以相属。寄蜉蝣于天地，渺沧海之一粟。哀吾生之须臾，羡长江之无穷。挟飞仙以遨游，抱明月而长终。知不可乎骤得，托遗响于悲风。"

这是从前，时光的流变击中了一颗一颗敏感的心。人生代代无穷已，江月年年望相似。不知江月待何人，但见长江送流水。这是古人另一重的悲哀。

千云万水间，揭示了一种空间的变幻和时间的变幻。人活在世界上，常常迷惑于空间的变幻以及时间的变幻。在空间的变幻里，在世事的沧桑里，我们容易执着于那些浮云般的虚华；在时间的变幻里，在命运的浮沉里，我们容易随波逐流，看不清命运的方向。

这是从前的人要面对的两种变化：不确定性的变化，以及时间的变化。不确定性，让人觉得自己无法掌握自己的命运。时间的流逝，让人觉得一切都无法留存下来。空间的变幻带来的是不确定性的焦虑，就像我们走在一条陌生的道路上，不知道什么时侯会遇到什么。时间的变幻带来的是意义的焦虑，如果一切的英雄伟业最后都不过付之东流，如果我们所有人都会在时光里枯萎凋谢，那么，我们的努力，我们的劳作又有什么意义呢？

现在的我们，还是要面对这两种变化。我们仍然生活在时间里，生活在曾经照耀过寒山照耀过苏东坡的月光下。还是要面对世事的变幻，人事的沧桑。只不过我们的时代多了两种世事的变化：科技潮流与时尚潮流。从前的人没有要不要换手机的烦恼，没有要不要追随时尚的烦恼。

今天的我们，在尘世的浮云和流水里，在日新月异的潮流里，常常无所适从，迷失了方向。每天我们都被这样的问题困扰：要不要换手机？明天会怎么样呢？这个社会会怎么样呢？房价是跌还是涨呢？移民呢还是留在国内呢？这个行业有没有前途呢？……淹没在海量的信息里，徘徊在无数的选择里，面对着时刻在改变着的外部环境，常常茫然若失。

怎样才能不茫然若失呢？怎样才能像寒山诗里描写的做一个闲人？你看那个"闲人"在世事变幻里是多么自由自在：白天到山上去游荡，晚上又回到岩石的下面睡觉；一下子四季就过去了，世界吵吵闹闹的，但这个闲人却安安静静的，世间的那些变幻那些热闹都没有成为他的负担，所以他没有什么烦恼；不论这个世界怎么样，怎么变，他对于这个世界没有任何依赖，他只是依靠他自己，他就那样自得其乐，就像秋天的江水那样宁静。

为什么呢？

应变之道：
觉知到变化

千云万水间，这个"闲人"，这个自由的的人，这个淡定的人，首先非常清楚自己活在千云万水间，他能够清晰地听到时间嘀嗒的流淌声，能够清晰地看到浮云变幻的形状。

丰子恺先生说，大自然间有一种神奇的力量叫"渐"。就是不知不觉间已经老了，不知不觉间一个时代过去了，不知不觉间已经永远失散了，不知不觉间就已经习惯了……如果我们对于外界的变化总是不知不觉，就会麻木不仁，就会成为习惯的奴隶。

小时候没有离开过父母，总是活在自己的家里，以为全世界的家都像自己家。一直生活在某个城市，以为那个城市就是全世界。一直工作在某个行业，以为这个行业的法则是理所当然、不可动摇。如果有一天，离开了父母，发现世界上有各种各样的家庭；如果有一天离开了自己的小城，发现天地原来很大；如果有一天离开了自己的行业，发现没有什么是理所当然、不可动摇的。

所以，活着活着就应当不时跳出来，有所觉知，不要稀里糊涂就老了、就散了、就死了。Jeff Kintezele 曾说："迟早要承担苦果的人，是那些不知道发生了什么和为什么发生这种事情的普通人。"

所以活着活着就要跳出来，看看周围发生了什么，看看到底什么在改变着。从电视机到电脑，从电脑到智能手机，从宽银幕到 3D, 从百货商店到购物中心，再到电商，诸如此类，是日常生活里随时可见的变化，每个细微的变化带来的，都可能是巨大的社会生活的变迁。比如，苹果手机的诞生，改变的不仅仅是通讯方式或社交方式，而是不知不觉改变了文化内容的生产和传播。

所以，活着，就是活在两种变化里，第一是规律性的变化，比如四季的轮转，比如生死的轮回，比如新旧的更替；第二是偶发性的变化，比如意外的车祸，比如突然的失业等等。所以，活着，就是活在变化里，活在变化的世界里，活在你自己变化的身体里，活在你自己变幻不定的心绪里。不论你有什么才能，或者拥有多么巨大的财富，都不可能让这个世界不再变化，让你的身体不再变得衰老。

你得接受无常，这是一个存在的事实，无法改变。就像陆游说的："月淡烟深听牧笛，死生常事不须愁。"事实上，你再愁也不会改变死亡的发生，再愁也不会阻止台风的来临，再愁也不会阻止疾病的发生。所以，陆游说：不须愁。

应变之道：
明白自己需要改变什么

你看寒山诗里那个"闲人"，就什么也不愁。不发愁，对于一切的变化，不抗拒，不恐惧。每天开开心心地，日出而行，日落而归，随着昼夜的轮转而变化。当变化发生的时候，你得接受无常，你得随着变化而变化。如果你害怕衰老，不断地寻求长生不老的方法，最终的结果是，你在寻求长生不老的过程里渐渐老去。你无法抵抗身体的变化。你也无法抵抗四季的变化，所以，在时间的流逝里，我们要学习做时间的朋友，或者，让时间成为自己的一部分，接受每一个阶段的自己，接受每时每刻的自己。

你无法抵抗大的时代潮流。回看历史，改朝换代、战争、科技，诸如此类，都不是个人可以控制的，都不是个人祈望不改变它就不会改变了。在大时代里，每个人都逃不出时代的大的格局。回想 20 多年，电脑刚刚进入我们的生活，很多人文学科的学者，包括我自己在内，都说用电脑写作会破坏文字的韵味，都说要坚持用手写。20 多年过去了，包括我自己在内，几乎所有的人都已经习惯用电脑写作。现在，我们都明白，这种抗拒毫无意义，你要做的，只能是改变自己，顺应潮流。时代总在动荡，你没有办法让它按你的想法改变，只能是你自己适应时代的变幻。不论遇到科技的革命，还是社会方式的变动，我们只能去适应这种改变，此外别无办法。

你也无法抵抗很多意料之外的事。有一个香港的朋友，在很多年前的金融危机中，失业了。本来做到一个很高的职位，从很年轻的时候，慢慢打拼到中年，混到了一个体面的职位，享受着很多体面的享受。但有一天，突然被告知解职了。愤怒、茫然、沮丧，弥漫在那个朋友心头。但是，有什么办法呢？失业来了，要面对它。再也没有钱供楼了，要面对它。很多时候，我们不能面对，我们会在抱怨和幻想里度日，抱怨命运对自己的不公，幻想着出现奇迹。但抱怨和幻想都没有什么用，即使像有些心理辅导教你的，自己对自己大吼：我会赢。即使你喊破了嗓子，喊得全世界都听见，也没有用。事实就是事实：你已经输了，除了面对，除了接受，你没有办法。

《易·系辞下》："穷则变，变则通。"

办法就是你得行动，你得改变自己，你得再去找工作。那个朋友在痛苦了一个月之后，就振作精神，一个线索一个线索去找工作。然而一年过去了，仍然不能找到和以前相当职位的工作。香港的物价昂贵，他已经很难再维持下去，不得不改变自己的择业标准，只要有工作就可以，打算货车司机也干了。就在这个时候，偶遇一个中学同学。这个同学一直在大陆发展，得知他失业，随口说了一句：何不去大陆？然后，他真的去了大陆。然后，他发现以他当时的积蓄，在香港维持不了几年，而在内地的城市，差不多可以生活一辈子。就这样，他在内地的一个城市投资了自己喜欢做的事情，一直到现在。

如果他不愿意改变，他可能按照原来那个职位的标准一直窝在香港寻找着工作，疲于奔命，很可能一辈子再也无法找到，一辈子在找工作里打转。一旦他跳出来，跳出他原来的生活视野，跳出他原来的标准，改变就发生了，一条新的道路就会出现，那是属于自己的道路。

当外界的改变发生了，看不见这种改变，或者，简单地对于这种改变拒绝应对，那么，唯一的可能是把自己陷于一个窝囊的境地。当改变发生的时候，顺时而为，顺势而为，明白改变自己应当改变的，那么，就可以像寒山诗里那个"闲人"，在时间的流变里来去自由。

很赞同一种说法：预报天气固然重要，但更重要的是应时天气的变化。是的，如何预防疾病固然重要，但更重要的是如何应对疾病。是的，如何预防失业固然重要，但更重要的是如何应对失业。在各种可以预计的，以及无法预计的变化面前，学会改变自己应当改变的。

流水里的世界和这个世界里的青山

我们不可能离开时间的流水。我们也不可能让时间停下来，就像一本小绘本里的故事，有个孩子把时间放在旅行箱里，要去找到最完美的事情，然后，再用时间来做完美的事情。当然，那个结果你可想而知，他绕着地球到处去找，永远不会找到完美的事情，当他厌倦了回到家里，只是看到当年的小伙伴都老了，惊觉自己也老了。打开旅行箱，时间早已不在了。你不可能留住时间。

你就活在时间里，时间就是你的生命。你不可能离开时间的流水。但是，你可以离开世事的浮云。把你的视线稍稍转移，你会发现浮云下面，有很多高山。浮云瞬息万变，高山却一动也不动。浮云飘浮在我们的日常里，让我们眼花缭乱，忘了不远处还有高山，一直就在那里。

看到浮云，也要看到青山。世事变幻，但人性没有多少改变。流水的旅途，弥漫着浮云，也耸立着青山。今天的男女恋爱，有手机，有电脑视频，有飞机、火车，约会或相见已经变得非常容易，从前的人，约会或相见，异常困难。但是，爱情本身从来没有改变过。从《诗经》里的关关雎鸠到今天的爱情小说或爱情电影，改变的只是传播的形态，爱情这件事没有什么改变。我们和《诗经》里那个在河边偶遇了一个女子的男子一样，当情愫涌动，一样意乱情迷。

今天已经没有什么唱片公司了。但是，音乐还在，那些动人的歌声还在。今天的大拆大建已经让我们居住的房子面目全非，但是，再怎么变，房子还是人用来居住的，房子的根本功能不可能改变。就在写这篇文章的时侯，我在网上看到张欣的一条帖子："tim berners-lee 曾说：当人们把精力都投向网络，一切都走向电子化的同时，人类又无限向往回归自然。那些网络精英赚了钱之后，又怎么样？他们在山上盖座房子，数着周围的树木，就满足了。其实，几千年来人类并没有改变太多。"

没有什么。每天面对乱纷纷的潮流，不过如此，变来变去，万变不离其宗。浮云飘忽，而青山依旧。

在苏东坡的时代，在寒山的时代，还没有手机，还没有那么多人造物，没有那么多迅速变化的潮流。从来没有一个时代像今天这样，时刻处于如此巨大如此迅速的变化里。然而，当我此刻，看着自己的两部手机，犹豫着去换哪一种新型号的手机，当我看着手机里随时可以浏览的时刻在更新着的无边无际的信息，我却想起了苏东坡，想起了寒山。关掉手机，坐下来，读读苏东坡的文章，读读寒山的诗。窗外是初冬的夜，有一种微寒的清爽，浩瀚的天空，点缀着一片两片暗淡的白云，隐约有一闪一闪的星星。

应变之道：
觉知到不变

白日游青山，夜归岩下睡。这是寒山生活的实际状况，白天在山里漫游，天黑了就回到岩石下面呼呼大睡。现在的我们，大部分人要上班，每天听着铃声挣扎着起床，然后，边走边吃早餐，穿过堵塞的拥挤的街道，到办公室里，一天都在电话、会议、谈判、表格……中忙碌，忙乱，一直忙到天黑，还经常要加班。夜半时分，我们穿过冷清而迷离的街道回家，又经常失眠。我们每一天都在应付着工作，应付着生活，想赶上每一个节奏，赶上每一个变化。但是，为什么我们常常只是疲于奔命？

为什么呢？

仅仅觉知到变化，是不够的，还要觉知到不变。寒山的那个"闲人"，在时间的流水里，在浮云里，每天都在外面游荡，却总是不离开青山。置身于千变万化，觉知什么在改变着，同时，又觉知到什么并没有改变。置身于飘忽的浮云里，却不离开那个不变的根本。所以，他才能如此闲淡、从容、来去自由。

如果我们觉知到这个世界的变幻，又觉知到这个世界的恒定，那么我们就明白了这个世界的变与不变。当我们面对这个世界的纷纷扰扰，我们就会用苏东坡的视角来看待。苏东坡在《赤壁赋》里劝解那个同游者，如果用变化的眼光看待这个世界，那么，无时无刻不在变化；如果用不变的眼光来看待这个世界，那么我们都活在一个无限的整体里，何曾有过什么变化？

所以，不必感伤于时空的变幻："客亦知夫水与月乎？逝者如斯，而未尝往也；盈虚者如彼，而卒莫消长也。盖将自其变者而观之，则天地曾不能以一瞬。自其不变者而观之，则物于我皆无尽也，而又何羡乎？且夫天地之间，物各有主。苟非吾之所有，虽一毫而莫取。惟江上之清风，与山间之明月。耳得之而为声，目遇之而成色。取之无禁，用之不竭，是造物者之无尽藏也，而吾与子之所共适。"

这是苏东坡的应变之道：明白了变与不变的规律，明白了什么在变化，什么并没有变化，就不会因着时空的变化而忙乱，就能够在变化之中怡然自得。大自然里每个时刻的声色形姿，都可以在即刻成为自己审美的对象，而有无穷的乐趣。所以，寒山的诗里强调了一个字：闲。在日常的变幻里，不要随着乱纷纷的变化迷失了自己，而要在变化里自在从容；不要让那些浮云困住了自己，而要在浮云和流水之间，悠游自在，做一个闲人，做一个自由的人。

如何越过世事的变幻而自由生长？如何在时光的流转里逍遥自在呢？如何应

对世事变幻呢？世界有变，有不变，你是变，还是不变呢？什么时候变，什么时候不变？第一步是觉知。觉知什么呢？觉知到变化，觉知到不变。麻木是一种堕落，也是一种偏执。

我们生活其间的尘世，一方面是无常，是分分秒秒的变化，没有什么能够长久，一切都在消逝；另一方面却是恒常，变来变去，都是这么一套，其实并没有什么变化。试着同时从变的观点与不变的观点，去看待你周围的一切。只从变的观点去看，引起的可能是浮躁；只从不变的观点去看，引起的可能是消沉。

应变之道：
明白自己需要坚守什么

世界时刻在变，纷纷扰扰。这个世界的变化让我们感到不安。我们总是在寻找安定的东西。比如，很多毕业生用尽方法在找稳定的工作。何为稳定？是单位还是行业？世间有稳定的东西吗？回看这 20 年，多少从前被认为是铁饭碗的单位已成明日黄花；多少从前热门的行业在不知不觉中尘封在记忆里。就连一个国家，都会解体。如果有稳定的，那只能是你自己的心智和能力，所以，在选择工作的时候，除了喜欢以外，唯一要考虑的只是，能不能学到东西，能不能提升心智和能力。

真正的稳定，是你自己拥有对付这个世界的健全心智以及某种技能。有些人总是换来换去，其实很稳定，是因为每次的换都是他的自我价值在提升；有些人一辈子在某个机关，其实很不安，总是害怕自己的位置被替代，因为他别无所长。

真正的稳定，是你自己拥有的别人无法拿走的东西，真正的稳定，是不论世界怎么变你都可以应对的东西，不论世界怎么变你都可以安心于其间的东西。真正的稳定，是你变来变去都不离开的那个根本。

改变自己的书写习惯，使用电脑。没有必要坚持用手写。但是，你要坚持的是你想要写的，坚持的是你自己的写作风格。如果因为电脑的出现，你就盲目地改行做电脑生意或编软件程序，那不过是随波逐流。改变应该改变的，但是，坚守该坚守的。电脑出现了，不必抗拒，改变自己的书写习惯，改变自己获取信息的习惯，但是，不必放弃你的根本。

有人问：应该怎样迎合市场呢？我的回答是：这个问题的思路是错的。也许应该这样问：怎么让我自己喜欢的东西有市场。

有一段时间，琼·克劳馥 (Joan Crawford) 的事业有点低迷。电影公司的负责人对她说：现在大家都想看邻家女孩，你是否该演演邻家女孩？琼·克劳馥回答：如果他们想看邻家女孩，叫他们去隔壁看。她还是一直就演她自己。重要的不是别人需要什么你就提供什么，而是把你自己的东西如何变成别人喜欢的东西。

只要明白了自己的根本，就不会被眼花缭乱的变幻迷惑，就不会无所适从，就不会被纷乱的信息淹没。我们应该知道很多东西，但还有很多东西，那些与自己根本没有什么关系的东西，我们没有必要去知道。记住索尔仁尼琴的话："高尚的灵魂不必被那些废话和空谈充斥；过度的信息对于一个过着充实生活的人来说，是一种不必要的负担。"

并不是知道得越多越好，也并不是变得越快越好。美国企业家萨吉·贝克曾说:
"有许多人遥遥领先，引领着时代潮流，但往往因此失败。成功是发生在像
我这种冷静观察着他们，进而创造出一个行之有效的商业模式的人身上的。"
选择什么样的路径并不重要，第一第二也不重要，重要的是你要找出一个能
够让你的商业持续发展的点。找到你自己的那个点。日本导演小津安二郎成
名后，很多人希望他利用自己的名声再去做点别的事，但小津说：我是开豆
腐店的，我只卖豆腐。

是的，我是开豆腐店的，只卖豆腐。

是的，我喜欢那种在别人看来很潦倒的生活。就像《在路上》里的那个迪安，
不论世界怎么变，他就这样按照自己的方式来来去去。当然，他不拒绝汽车，
不拒绝新的玩意儿，但是，前提是不要妨碍他的自由。他的根本在于自由的
生活。没有什么是比自由更重要的。人在纷繁复杂的尘世，常常需要改变自
己来应付变幻的环境，怎么变化都可以，只是不能伤害到自由。这是迪安的
人生。所以，后来他的朋友在纽约经商成功，对迪安很冷淡，都往着市中心

而去时，迪安独自拐了弯，往另一条冷清的路上而去。是的，当大家都拥挤着向着中心的时候，你可以独自走在边缘上。

就像拾得说的："平生何所忧，此世随缘过。日月如逝波，光阴石中火。任他天地移，我畅岩中坐。"让世界变来变去，我坐在自己的岩石上逍遥自在。

天地移动的时候，我们确实要改变，但不需要改变自己的根本。如果不能领会改变什么、坚守什么，就会常常陷于僵化或浮躁的境地。僵化是不懂得变通，就像孔乙己，非要坚持穿长衫，非要坚持茴香豆的"茴"字的某种写法。浮躁是离开自己的根本，跟着外界的改变而改变。

有些人变来变去，不过是浮躁，不过是急于求成。比如，学习英语，总想着很快学会，于是，总是寻找新的教材，不断地换着教材，今天用《新概念》，明天又用《走遍美国》，结果是很多年下来还是那个样子。又比如，有了脊椎或腰椎的疾病，希望尽快康复，不停地去看病，尝试着各种各样的方法，却总是好不了。事实上，选择一套正规的教材，哪一套都行，只要是正规的就行，坚持使用下去，背诵教材上的每篇课文，做好每道练习，这样使之以恒，大概不用三年，基本就可以掌握了。选择一种治疗方法，选择一套治愈的操练，每天坚持这几个动作，每天坚持，就可以彻底治愈。确实，有时候，你不需要变来变去，你只要坚持简单的习惯就可以了。

赵翼《论诗（其一）》："满眼生机转化钧，天工人巧日争新。预支五百年新意，到了千年又觉陈。"世界日新月异，我们要觉知到变化，面对变化。另一方面，赵翼《论诗（其二）》："只眼须凭自主张，纷纷艺苑漫雌黄。矮人看戏何曾见，都是随人说短长。"我们更要有自己的立足点，而不是人云亦云，跟从大流。

有些事情，只要你坚持，就一定会有所收获。比如，学习一门技艺，再比如，挖一座山，即使你挖不完，但只要像愚公那样子子孙孙坚持下去也能移动一座山。有些事情，不论你坚持多久，都可能一无所获，比如买彩票，所以，并不是坚持就好，而是看你坚持什么。

在变幻的世界里自由自在

回到寒山的那首诗，回到《在路上》里那个迪安。好好想一想，在混乱的世界上如何做到自由自在呢？世界变了，我们怎么办呢？迪安的答案是：走自己内心想走的路。寒山的答案是：安于自己的根本所在，不要让外在的变化成为负累，就可以来去自由。用通俗的话来说，也许就是：改变应当改变的，坚守应当坚守的。

怎么样才能改变应当改变的，坚守应当坚守的？凯鲁亚克在《达摩流浪者》里有一段话值得反复琢磨："什么都不要想，只要像跳舞一样往前跳就可以。那是世界上最容易的，甚至比在单调乏味的平地上走路还要容易。你在每一跳之前固然会有很多选择，但不要犹豫，只管往前跳，然后你会发现，你已经落在下一块你没有经过刻意选择的大卵石上面。这完全跟禅一样。"也许这就是乔布斯总在提醒自己的"要倾听自己内心的声音"。只要按照内心的声音往前而行，在变幻不已的尘世，才不会迷失方向。

逍遥工作室 / 张煜主撰

20年来人类生活的变化：
一份不完全的清单

B2C模式的增长还意味着一个更深刻的趋势
——传统商店与电子商务合流。
几乎所有商业模式都往在线化方向发展。

信息方式的变化

这 20 年来，人类的信息技术发展速度是核爆炸式的，卫星、光缆、微波，最后到全部联结成互联网。当然对于中国人而言，变化的冲击更加巨大，中国人在短短的 20 年里经历了欧洲 200 多年经历过的前现代——现代化——后现代的变化。一个网络帖子开玩笑说，每一个活着的中国人都可以根据自己的经历写一本人类进化史。

任何信息方式的变化一定是因为技术的进步，但同时也大都同中国社会的变化有关：有的是社会经济的重构，让一种信息方式的广泛使用成为可能；或者新的信息手段出现是社会即将变化的信号和征兆；更多的是，新信息方式作用于社会，成为社会变迁的动力。或者说信息就是社会本身。

01/ 再没人写信、发电报了

信件是人类最古老也是存在时间最长的远程异步信息工具。无论是古代书信还是现代的邮政系统，信件比传口信要准确，但是从寄信方到收信方间有漫长遥远的时空间隔。双方必须的等待，产生了一个影响长久的审美空间。唐诗中有很多诗句就是作为书信的一部分写给家人和友人的，而无数书信集干脆被当作一种承载着思想和情感的重要读物。比如，现在还在读的《曾国藩家书》。在近代西方，"书信体小说"是重要的文学体裁，"邮递员"或者"邮差"也曾被看作一种诗意的符号。

直到 20 世纪 90 年代，中国民用通信体系仍主要依赖邮政网络维持，现在 30 岁以上甚至年龄更小的人都有写信的经验。给家人报平安，同远处的朋友聊近况，表达节庆祝贺，投稿，与别的地方的人讨论意见都需要用信件来回送；而当时，大多公务文件的往来也普遍使用信件。当然，记忆最深刻的是"情书"。

长达几十年的邮政系统在中国表现出一种矛盾的状况：作为现代国家的标志，邮政网络遍布全国，相互联通，甚至能抵达最偏僻的乡镇。但它的运行效率受管理和交通所限，一直保持着大容量低速度的水平——等信的滋味不好受。

麦克卢汉将西方电报的发明评价为"社会的激素"，在抽象层面上，使用电力传输和手指敲击代码，使神经系统与全体社会知觉发生了整体感。而对于社会组织来说，电报消除了单向传递信息和由中心控制远处的弊端，远程互动成为信息传递的普遍方式。

中国的电报没有这样神奇的意义。它长期同邮政共存，却没有像西方那样普遍使用到金融、新闻工作环境中。而在民间，这种历史上第一种电力即时通讯工具，却一直是信件的附属和补充。对于急事，就选择相对昂贵的电报来提高传递速度和精确率。

直到 20 世纪 90 年代初，上海的电报交换量每天还有 20 万条以上，电报厅里排队者总是人满为患。人们一般发的是"母病速归"，或者"母子平安"。电报在中国是加急版的信件，但往往与生活的大喜和大悲有关。

当代的电讯和网络信息技术已经替代了书信和电报。没人写信了，每天我们都大量收发 E-mail，文书的格式还基本与书信一致，仿佛是在向古老的书信传统致敬。

而电报业务，除了香港的电讯盈科宣布停止了电报业务外，没有人提起该怎么处理——不过已经有一些爱好者试图在电报上玩出点新意思。

02/ 家庭电话出现——旧等级消失

1900 年，中国就有了第一台电话，但是家庭电话一直到 20 世纪 90 年代中期才在大城市的家庭艰难普及。

直到 20 世纪 70 年代末，中国的电信部门——尤其是电话体系一直被视为国家行政和军事的机要部门，它的主要功能是为了完成政令和军令的传递。只有邮电局的公共电话才有限地对民众开放。再后来，居民小区的门房里配备了公用电话，如有电话打入，值班的人会去叫住户来接电话，不过，叫人是要收费的。

几乎所有的电话机都被安装在政府和国企、事业单位的办公室里。每个单位依据自己的级别和功能，申请一定数量的电话，统一调拨指标安装。
只有极少家庭拥有电话，这仍然要依靠计划分配。家庭电话和单位电话是按同一系统和原则分配的。一般处级或者局级干部以上由单位配给电话——严格来说这是办公电话，不过家庭成员可以使用。电话只会拨往相同级别的家庭或者单位的办公室。当时，电话是最难以企及的社会等级符号。

普通家庭对电话充满了艳羡和渴望。1994 年前后，中国电话网络改造初步完成，具备了大规模接受家庭固话装机容量。那时候，城市家庭都以能先安装上电话为时尚。当时安装固话需要支付数千元的预装费和电话机费。不过，这仍然无法阻挡人们对电话的需求。营业厅里天天排着长队，甚至全家轮流排队等号登记。当时，因为安装电话的需求量太大，一种"炒吉祥号码"的炒作游戏在很多城市都非常热门。

每个家庭对"打电话"作为更便捷的通讯手段的需求是真的，不过，似乎迫切的社会心理是：可以用另外一种资源——金钱，来跨越长达数十年的"行政权力"等级（也是唯一）的社会等级壁垒。

有趣的是，也就是那几年，电信部门装机的效率很低，报装后，需等待半年以上。

1992 年，中国固定电话为 1000 万台左右，2002 年达到 2 亿台，2007 年超过 7 亿台。

2001 年，中国电信取消固话预装费。

2007 年起，受移动电话和光纤业务冲击，固定电话业务开始衰退。用户每年以数百万的数量流失，新安装的固定电话主要是宽带业务的赠品。

2007 年，中国移动电话用户超过了固定电话数量。

03/　传呼机、大哥大、手机——从新身份表演到网络入口

传呼机是第一个出现的移动形态信息工具。传呼机有几类，有单纯的音乐机，接到呼叫需回电人工台；数字机，可以把呼叫你的电话号码传到屏幕上；还有文字机，能把简单的留言发送到屏幕上；传呼机是作为固定电话的补充出现的，通知用户该找一个就近的地方接入固话网。而文字机则以一种最初级的方式，表达了"移动"的诉求。传呼机的价格不低于一部电话，但在 20 世纪 90 年代备受追捧，直到 20 世纪末，达到顶峰。

摩托罗拉公司的模拟移动电话"黑金刚"（也就是"大哥大"），这款真正的移动电话进入中国，引起了轰动。

尽管它的出现比美国甚至香港都晚了些年，但是，在中国的社会中引发了两种"震惊"。一是，惊叹通信技术的神奇进步，世界上已经有了如此先进的移动通信技术，而中国人还滞留在写信、等待安装电话的落伍阶段。二是，"大哥大"以其硕大的体积与昂贵的价格（最高至 3 万到 4 万元一台），将一种全新的社会身份推到人们的眼前。

人们先是从香港的电影里粗豪凶残的黑帮大哥手上看到这个硕大的家伙，于是它被先入为主地加上了粗俗、挥霍的夸张喜感。大陆最早购买手机的用户

是当时的"个体户"，而不是政府干部。"大哥大"加"传呼机"是社会对他们统一的鉴别标准。一个长期行政垄断，阶层观念超稳定的社会非常不习惯这样外露财富，"大哥大"遭到全社会长期的冷嘲热讽。不过，用昂贵的通讯工具作为刺眼的身份标识，现在看来却是一种对陈旧的阶层观念生机勃勃的挑战。

随后几年，几乎同步于西方，移动电话体积逐渐缩小，设计也千变万化，更多的功能被集成到电话中，包括拍照、简单的游戏、手写功能、音乐播放等，价格也逐年下降。手机弥补了中国电话业长年来滞后和行政垄断所带来的通信匮乏，它甚至有着比西方更快的增长率。
对此普遍的质疑也随之而来。

2003 年，在《手机》这部小说及后来的同名电影中，将手机作为一个关键线索，讲述了主角所遭遇的生活尴尬。手机在故事中同"泄露秘密"、"偷窥隐私"和"威胁"等负面情节联系起来。如同任何一种刚刚普遍使用的新技术，人们担忧其带来的社会影响几乎是常态。不过影片涉及当代都市人群非常内在的困境，可见当时手机已经深刻地介入了中国人的生活。

2003 年，诺基亚推出了有史以来销量最大的手机——功能简单且价格极其低廉的 1100。手机的进化开始出现了分水岭。

1100 代表了简单手机的发展，价格低廉，性能简单可靠。它打破了阶层的壁垒，让移动的通讯成为任何阶层都能负担得起的东西。正是这类手机将移动通信技术确立为中国最主流的信息手段。

而另一种思路则想方设法地集成多媒体功能，让手机越来越变成一个多用途终端。这种设想后来同已经在小范围实验了很久的手持智能技术合流，导致了 iPhone 及后续的智能手机的诞生。

iPhone 或者 Android 智能手机升华了手机的功能，可是，也终结了手机这个概念。它不再是通讯工具，而是一个智能界面，将我们接入浩瀚无边的互联网中。

三种传呼机。

摩托罗拉的"大哥大"：90 年代最热门的话题和文化符号。

摩托罗拉的"掌中宝"328c：第一款折叠式手机。

诺基亚 8210：2G 时代的巨人。

诺基亚 1100：手机的平民革命。

Palm 的 Troe 180：商务智能机的先驱。

诺基亚 N90：拍照手机的典范。

黑莓手机：已经衰落的智能手机巨头。

iPhone、Adroid：当代智能手机的形态。通过它，我们将自己延伸到互联网中，还是我们变成了嵌入网络世界的肉身？

04/ web2.0 时代——互联网的改变

web2.0——第二代互联网，是一个被互联网业界热烈讨论但又说法模糊的概念．它可以简单地理解为是利用 Web 的平台，由用户主导而生成的内容互联网模式。web2.0 概念的提出，是为了区别于早期的互联网网站上所有内容都由网站的人员编辑、生产的模式。如果要作一个形象的比较，作为门户网站的新浪网属于 web1.0，而微博是时代的产物。如果要给予它几个关键词，就是"参与"、"互动"、"分享"和"关系"。

对于技术人员来说，它意味着某种特定的技术框架和应用软件的设计，对于互联网企业而言，这是商业模式的转换。但对于我们来说，它可以作为一个路碑，能衡量 20 年来互联网的变化，让我们的信息传播方式发生了什么改变。

最初互联网是由一个个孤立的网站组成，主流就是所谓"门户网站"。人们惊叹，门户网站可以提供如此海量和快捷的资讯，以及资讯无穷无尽的超链接模式。不过，海量及快速的资讯优势是相对传统媒体而言的，它是单向放送信息的工具，不能称作为信息交流方式。即时通讯服务（IM）出现了，最早是 ICQ，后来人们普遍使用本土的 QQ。即时通讯提供了传统的电信服务之外的一种通讯方式，它可以同他人即时和延时来回传输信息，还可以建立一个多人同时在线的群体。这是我们将互联网作为与他人信息工具的开始。但是，单纯的 IM 服务仅仅限于熟人或者有事务关联的人之间的信息来往，每条线、每个群之间是相互隔绝的。

"在线公共讨论"则弥补了这个局限。独立或者寄生于其他服务（门户网站、IM）的"新闻组"、"电子布告牌"（BBS）、在线论坛和"电子聊天室"，把互联网变成了一个城市广场。用户根据自己感兴趣的话题，分别进入不同的虚拟空间，与不知数量的人扎堆，七嘴八舌地探讨和争论。"在线讨论"突破了熟人的网络，进入了一个开阔的人际空间。然而，这些都是基于某个话题而产生的空间，且讨论者都有等级和资格的限制，因此对于讨论者来说，自己只是个参与者，而无法主动对信息进行过滤选择。

博客让人们意识到，互联网是允许人人都成为"作者"的地方。曾经有几年，中国各博客网站是用户量最大的空间。自己生产内容，是人们对互联网使用的一次巨大的进化。但是，也许是"写作"这种方式容易引发人们的惯性，博客的作者同读者缺乏足够的交流，尤其是，各个博客之间联通性不够。于是博客很容易成为一个个作者的"信息孤岛"。

互联网的演进一直朝某种一致的方向做各种尝试。无论我们是否是积极的拥护者，但也许我们都曾经是这些不断出现的互联网服务的参与者，那么，到底我们想要什么呢？

摆脱熟人圈子的限制，进入更广阔的人际关系中；想要获得最即时的消息，而不必等待某个传播机构的筛选；就某个话题同人平等地探讨；可以屏蔽让自己感到不快的信息；我们想知道不同的人对某些东西的看法，这或许对我们有所帮助；同时我们还想把自己所知道的东西告诉更多人，而不是自说自话，这些都是。

社会化网络几乎是 web2.0 的同义词，它已经成为了最主流的网络服务类型。这不是说以前的那些网络服务被替代了，而是全新的互联网服务类型出现了。即之前所存在的服务或者已经被整合进新服务当中，或者本身也在向社会化转变。

社会化网络是什么？对，就是每天使用的那些服务。我们每天打开电脑或手机，资讯会自动出现在同一个界面，可以用 RSS 服务从各新闻网页获取资讯，给自己定制一份"杂志"；打开微博，看看所关注的人说了什么，或者哪个地方刚刚出现什么新鲜事以及别人对此的各种讨论。我们来到一个地方或看到一个东西，掏出手机，就能看到别人对此的评论。同时，我们可以把看到的东西用文字、照片或链接的方式马上通过网络分享出去，还可以把自己即刻的想法发表在一个平台上，不受什么资质的限制……

有些网站不再提供内容，而是一个平台，内容由用户产生和传播，而提供内容的网站，它的信息会被分享到另外的网站。平台与平台之间是互联的，内容可以通过用户在平台之间流动。我们处于某个或数个网络圈子里，而别的圈子与之交集，信息在更多圈子里流动。我们既可以是信息的制造者，也是接收者，还是传播的通道，于是我们成为了互联网的无数个节点中的一个。同时，我们还可以把需要的信息源做成个体的"信息流"，自己决定接收和传播，或者在自己的节点将其截断——实际上我们都是互联网的制造者。

社会化网络类型

／社交网站；
／微博客；
／视频、图片、音乐和评论分享网站；
／地理分享服务；
／个人出版与广播：以博客为主的个人出版网站逐渐演变成某个专业的电子杂志类型；
／公共讨论：BBS、在线论坛已逐渐地域化，成为本地事务的公共领域；
／即时通信：即时通信已经成为社交网络和微博客的附加功能，仍然在运营的即时通信有的已经向社交网络演变，有的成为商务连线视频会议的主要工具；
／协作编纂：在线的百科全书，以维基百科为代表，被认为质量可以堪比《大英百科全书》；
／虚拟世界：在线网络游戏。

游戏（男孩子）的变化

席勒说过，游戏是人的本能。玩耍其实是游戏的一种基本方式。也许 20 多年过去了，念过的功课基本忘光了，而小时候玩过的东西许多人仍然刻骨铭心。一种非常奇妙的感觉是，从前玩过的玩具或者那些玩法在今天仿佛仍然存在，只是改换了面目。也许人类玩耍的方式一直具有某种恒定的类型。

以前大人们基本是不玩的，他们总是在严肃地工作，教育子女。那时男孩们一定会担心自己长大后是否也会变得像父亲一样无趣。可是，今天长大了的男孩们却仍然还在玩。

01/ 从小人书到动漫文化

小人书（小开本连环画、公仔画）是一种介于"读物"和"玩具"之间的东西。这种以连续的图画和文字叙述长篇故事的读物，在中国从 20 世纪 50 年代开始就大量出版，一直到 20 世纪 80 年代达到顶峰。那时，虽然家里并不宽裕，但父母每星期带着孩子上街，都会去新华书店买上两三本小人书。期盼、阅读和交换小人书，是当时所有孩子终其一生的记忆。

到了 20 世纪 90 年代，小人书已经不再是小孩们喜欢的的东西，逐渐被有眼光的收藏者们当成了"文物"收藏。

从 90 年代开始，日本漫画书取代了中国小人书的地位。日本漫画选材以及角色性格，与现代生活高度贴近，既有快节奏的叙事，但仍保留很多东方文化元素，再加之日本动漫产业成熟的市场机制，因此，它成为了中国少年最流行的读物。

在近 20 年中长大的男孩们，几乎每个人都有一种经历：家长和老师因为怕他们痴迷于此而影响学习，于是成人与孩子之间收缴和隐藏漫画书演变成了反复拉锯的"战争"。不过到了今天，孩子也长大了，动漫文化已摆脱了社会成见，成年人中很多人还在阅读漫画书，动漫产业也成为了文化产业重要的组成部分。

/ 近 20 年来在中国最流行日本漫画。日本漫画培育了中国漫画爱好者的趣味。
/ 美国、中国台湾和香港地区的漫画也颇受欢迎。

02/　从变形金刚到模型收藏文化

变形金刚模型在最初是作为动画的衍生产品出现的玩具。20 世纪 80 年代末，全国多家电视台播出了动画作品《变形金刚》(*The Transformers*)。这是一部让当时的男孩热血沸腾、欲罢不能的动画。

授权生产的变形金刚玩具在广州推出。相比以前中国玩具市场上造型单调、制作粗糙的人形玩具，变形金刚成熟的设计和精致的做工，迅速使其成为家长替孩子抢购的紧俏货。那时孩子们都以拥有一个变形金刚为炫耀，"变形金刚"是当年中国的"超级明星"。

但由于当时文化管理对变形金刚持有负面观点，《变形金刚》动漫片被停播，模型的生产和进口受到了苛刻的限制，20 世纪 90 年代中期以后几乎在内地消失。直到 2000 年前后，部分变形金刚爱好者开始通过香港及国外渠道购买变形金刚玩具，开始了中国的变形金刚或者说模型玩具的收藏。

尽管这非常像一种对童年的怀旧，但这些当年的男孩却将模型的收藏变成了一种成年人的流行文化。在这个文化圈里，他们成立了大型爱好者网络社区和交易网站，并不时组织线下活动。而对模型的版本、品质和种类的细致品评文章也时常出现。如果有一天可以去城市模型玩具店里，你会发现那里从来不会缺少驻足和品玩的顾客。那里常常会有一个成年的大男孩同一个陌生的孩童，他们彼此交流，毫无障碍。

／变形金刚模型：美国孩之宝（Hasbro）公司出品的以其动漫角色为造型的模型玩具，后也泛指所有的机器人玩具。
／著名的动画模型系列：变形金刚、高达、星战、光晕等——每个收藏者一般专注于一个系列的收集和研究。

03/ 从"大富翁"到桌面游戏

除了少数有天赋的孩子，童年能从棋牌游戏中获得乐趣的人不多。而如果有人喜欢上围棋或者象棋，往往就会被送到某个业余体育学校，用专业的方法来训练——因为以前棋类在中国是备受推崇的体育项目。这时，这种纯粹以抽象的规则和智力计算的游戏方式，便脱离了游戏的本意。

不过 20 世纪 90 年代的孩子大多都玩过"大富翁"或者"飞行棋"之类这些成人不太喜欢玩的游戏。这些游戏模拟具体的故事背景，规则十分简单易懂，取胜往往是运气再加一点点不费劲的计谋而已。每到假期，聚集在某个小伙伴家，这样的游戏就是同伙伴们嬉闹一天的玩意儿。

这些年，一个外来的名词——桌面游戏，让我们恍然大悟，原来我们小时候便玩过这样的游戏。现代的桌面游戏起源于 20 世纪，当时西方的中产阶级人群开始增多，这些围聚在桌前、慢慢考究策略的游戏是让他们闲暇聚会的消遣方式。据说，迄今商家已经开发出了 6 万余种不同的桌面游戏，分类也极其繁多。不过，各种玩法对游戏者有两个基本要求，一是受过某种程度的良好教育，二是有沟通和理解的能力。

中国城市里，玩桌面游戏成为了年轻人的潮流，桌游吧也纷纷开张，成为了一个行业。在桌游吧里，互不认识的白领们或者大学生却能坐到一桌，轻松地动动脑子和说笑对谈。在桌面游戏中，胜负并非一个绝对重要的结果，而让自己从被工作与网络分割成零碎的人际空间中稍微逃离一阵，找到与人轻松沟通的气氛，才是目的。

／桌面游戏（Tabletop game 或 Table game），通常被简称为桌游，又被称为不插电游戏，是对如卡片游戏（又包含集换式卡片游戏）、图版游戏（Board Game）、骰牌游戏（Tile-based games）以及其他在桌子或任何平面上玩的游戏的泛称。桌游亦泛指不依赖电子产品、通常不需要大幅度动作的游戏。

/ 在西方，桌面游戏首先被理解为"社交方式"。
/ "大富翁"、飞行棋——小时候的桌面游戏。
/ "三国杀"与"杀人游戏"是中国最风靡的桌面游戏。
/ 桌游吧：看不出他们是陌生人。

04/　游戏机——禁止的游戏

尽管在 20 世纪 70 年代初，麻省理工学院就开发出了最早的电子游戏机，但直到 20 世纪 90 年代初，中国市场上才出现真正意义上的游戏机。风靡全世界的任天堂家用游戏主机 Family Computer（俗称红白机）通过走私渠道进入中国。高达 1000 多元的售价对于当时的家庭来说实在过于昂贵，但仍被一些家庭，更多的是小游戏厅购买。这个现在看起来更像个打印机而且画面粗糙的东西，当时却被中国的少年视为神奇的魔盒。

游戏机和电子游戏在中国一直遭到社会舆论和管理制度的敌意。红白机进入中国不久，全国的学校、媒体和文化部门就掀起了对电子游戏的集体控诉，认为电子游戏是青少年的精神毒素。最终，形成了一纸禁令。

近 20 年来成长起来的男子，都有一篇偷偷摸摸的属于游戏的记忆。

/ 任天堂的红白机：《超级玛丽》、《大力水手》游戏。
/ 任天堂的本土廉价替代品：可以接上电视的小霸王游戏机。
/ 游戏厅里的街机：过关游戏、格斗游戏、飞机射击和赛车游戏。
/ 电子宠物：第一次将虚拟的形象同情感联系在一起。
/ pc 单机和网络游戏：让在游戏机上被禁止的东西获得了偷偷的补偿。
/ 游戏掌机：SONY 的 PSP 与任天堂的 NDSI——这是自己玩的，孩子也可以玩。

／家庭游戏主机：SONY 公司的 PS 系列、微软的 XBOX 系列，也许是未来家庭客厅的娱乐中心。

／智能手机：它就是最方便的游戏机。

／ 2013 年才取消的禁令：2000 年 6 月，文化部等 7 部门的《关于开展电子游戏经营场所专项治理的意见》规定："自本意见发布之日起，面向国内的电子游戏设备及其零、附件生产、销售即行停止。任何企业、个人不得再从事面向国内的电子游戏设备及其零、附件的生产、销售活动。" 2013 年解禁。

05/　从军装到军品迷

尽管在 20 世纪 50 年代到 70 年代，中国有一个漫长的时期，军人和军装是男孩们的崇拜物，但到了 20 世纪 90 年代，他们对军装追捧已经荡然无存。不过那个时候，大部分中国家庭仍有军用品的影子。不过它们是作为普通的生活用品存在的。在日用商品工业还没有大量生产能力的年代，军用品，如帆布挎包、军用水壶、茶杯和军大衣是极为便宜耐用的替代品。

从 20 世纪 90 年代中期以后，中国最早的军品迷出现了。这股风是由香港的青年服装文化启发出来的。从香港到内地大城市的街头，满眼都是穿着军服和军靴的年轻人身影，其中不光是有中国军队的，而且开始有了国外军队的服装。

军品收藏变成了城市青年亚文化的一部分。各种各样军品店的出现，通过不同渠道获得的军品在出售，比如各国的军服、军用包、军用望远镜、指南针、军刀之类，或者是具有纪念意义的钢盔、徽章等。

在军品迷的世界里，一种军品的价格或者很便宜，或者价格昂贵，并非是以实用性来衡量的，而是在这个文化圈子内的收藏趣味。有名的军品店或者同一个城市里的军品收藏者，还常常会组织野外生存拓展活动、军事沙龙等。也许是男孩们始终把对战争和军人的铁血印象，投射到对自己帅气人格的想象上，虽然他们早已长大。

/ 军品店。
/ "不会过时"的军品，是一种大男孩们的恋物癖好。

06/ 打仗的游戏还在继续

打仗游戏曾经是男孩们热衷的群体游戏。这种游戏不需要什么道具，只要凑够几个人，就可以模拟一次战斗的场面和过程。在 20 世纪 90 年代度过童年的孩子，不再是模仿那些意识形态色彩很重的中国现代战争情节，而更像是回归到玩了千百年的"郎骑竹马来"的游戏。所有的骑马打仗的玩闹都大同小异，不外乎一个身体强壮些的孩子做马，身体灵巧的孩子骑在他的脖子上做骑士，几组人相互拉扯，以把对方拉倒在地为胜利。打仗的游戏偶尔会造成轻微的磕碰，但大人一般不会过度责备，而孩子们也不会相互记仇，第二天下课继续玩耍。

真人 CS（野战游戏）起源于 20 世纪 50 年代的美国西部，如今在中国城市中逐渐盛行。野战游戏是对现代军队作战的模拟。参加者都穿上各款军服，配备野战装备，手持规限性的汽枪或其他非致命性枪射击"敌人"。在野外或者人工制造的地形中，通过扮演军人的角色，使用各种战术和战斗技巧进行游戏。

对真人 CS 游戏热衷的理由有很多，有些是格子间里的白领，参与这种游戏是为了运动或者放松，有的是业余的军事迷，有的是电子射击游戏 CS（反恐精英）的拥趸，甚至还被普遍使用为企业培训员工的团队合作的方法。使用模拟战争的方式来获得正面的力量，这是对真实战争的模拟，还是对生活中战争的模拟？可能都是，不过，男孩们小时候就喜欢打仗。

/ 真人 CS 镭战属于广义上的"生存游戏"（WAR GAME）的一种，是国内合法普及的战争游戏。
/ 真人 CS 游戏有模拟战争细节的不同玩法：如模拟巷战、丛林攻防、寻宝、护送、追杀等。
/ 延揽退役军人对玩家进行训练和制定战术，游戏有很高的逼真效果。
/ 野战游戏的装备：完全模拟真实的野战装备。

07/ 乐高积木

一般来说，积木仅属于童年。每个人小时候都玩过一些积木，这些积木是被当作幼教启智手段来使用的，通过辨认颜色、形状，触碰和组合出各种形状，是孩子们试图理解这个世界的物理和空间关系的开始。只是从前我们玩的积木，大多粗糙简单，只能拼出有限的平面图形或者一些小房子之类，积木组合的可能性有限。而当我们不再惦记盒子里的积木时，意味着童年已经结束，我们需要一些新玩意了。

成人还玩积木？乐高（LEGO）积木有大量的成人玩家，这种全球性的玩具也越发在国内被城市里的成年人接受，并变成一种新的都市文化。

乐高积木的可塑性极高，据说只要 6 块有 8 颗突起的长方体乐高积木，6 块积木便可以玩出 1 亿种组合。同时，这种积木与其他流行文化汇流的特点，也让人对其趣味的多变性爱不释手。比如，乐高从 20 世纪 90 年代起，推出了"故事"系列积木，可以用积木拼装出一些热播的电影中的形象和装置。在电子时代，它更是同麻省理工大学联合生产了可控制的机器人系列。

一般认为，玩乐高积木是一种理解自己的方式：通过个人的创意，将相同的材质改造成一种独特的看法。确实，尽管每年都有职业艺术家展示他们的乐高艺术，但是其他爱好者的作品同样天马行空，毫无雷同。也许玩乐高的成年人，是试图回到童年，用天真的眼光和手去触碰这个世界。

／乐高（LEGO）是一家丹麦玩具公司出品的积木玩具，由五彩的塑料积木、齿轮、迷你小人和各种不同的零件，组成各种模型物件。
／与流行文化界与科技界积极合作，让这种积木的玩法充满开放性，同时许多其他领域里人们也大量用乐高风格来进行立体造型。
／乐高有迷你人仔系列、故事系列、"智能可编程化积木"系列。
／世界各地的乐高艺术展——一种全球化的文化。

08/　玩什么相机

苏珊·桑塔格曾经把镜头比喻为男人的阳具，所以，尽管不是摄影师，男孩们怎能不玩相机呢？一个玩相机的业余爱好者，如果还能回忆起 20 年前他玩相机的经历，一定是如何从第一台国产的单反相机起步、逐渐向日本单反相机和镜头，德国中幅、全幅相机递进的过程。器材越买越昂贵，也许也能拍出越来越漂亮的照片。

对摄影器材的极致推崇，是一种拍摄态度：要尽量符合摄影的"标准"。"标准"是什么呢？它就是摄影史上那些被奉为大师所留下的名作——因为他们都是使用这样的相机进行拍摄的，昂贵的相机还可以更好地完成摄影课程的指导，拍出可以达到"印刷出版标准"的照片。这些年来，使用 LOMO 相机和宝丽来相机来拍摄成为了新的街头拍摄玩法。源于苏联的 LOMO 相机的特点世人皆知，色彩过于鲜艳，四角成像有暗角，每张相片都有不可预期的偏色或者曝光错误。宝丽来是"化石"类型的相机，即拍即打印，只此一张。而这二者共同之处在于相机廉价，而且仍然使用胶片拍摄。

在中国城市里出现"LOMO 族"和"宝丽来族"，是另外一种拍摄的态度：在低廉的价格面前人人平等。同时 LOMO 永远无法预期的效果让你放弃了事先的构思和调试相机的动作，于是随意按下快门吧。宝丽来则只能打印出一张照片，不能反复冲印——难以预期与无法重复，其实更接近我们偶尔朝城市一角张望的眼睛。

／ LOMO:LOMO LC-A 是列宁格勒光学仪器厂在苏联时期研制生产的 35mm 自动曝光旁轴相机，曾经大量向东欧以及其他国家出口。按照严格的摄影标准，这种相机功能简单，成像不佳。
／ 1991 年初夏，两名学美术的奥地利维也纳学生在捷克偶尔买到了一台已经停产了的旧 LOMO LC-A，并将其带回奥地利。1992 年建立"The Lomographic SocietyInternational（Lomographic 国际社区）。逐渐，LOMO 独特的成像特点被发展为一种自由和创意的摄影风格，在全世界有大量的追随者。
／宝丽来公司由美国物理学家艾尔文·兰德于 1937 年成立，1948 年 11 月 26 日在市场推出世界上第一个即时成像相机。1972 年，宝丽来推出 SX－70 袖珍型即时成像相机，随即风靡世界，到 20 世纪 70 年代中期时共售出 600 万台。
／ 2008 年 2 月，宝丽来宣布停止制造底片，转而发展数码相机业务。
／ 2010 年，宝丽来重新开始生产底片，并推出了新的 PIC1000 相机。

创业方式的变化

01/ 机会和选择

据财富信息机构 Wealth-X 和瑞士联合银行集团发布的世界亿万富豪人口调查报告称，2013 年中国内地资产达 10 亿美元的富豪有 157 位，在各国中人数仅次于美国。中国内地富豪群体有两个显著的特征：这 157 位亿万富豪平均年龄为 53 岁，比全球富豪平均年龄要年轻 9 岁。另外，中国白手起家的富豪所占比例是各国中最高的，几乎接近 90%。而其他一些调查也显示，中国拥有亿元资产以上的人群已经有数万，年轻化和创富型的特点也与前一个报告基本吻合。

30 年前，中国人仍普遍处于赤贫的状态，在新中国成立后长达数十年的计划经济体制下，私人财富几乎等于零，更不存在从家族中继承大笔资产的可能。只用了短短 30 年，尤其是近 20 年，内地富豪人群增长之快，财富积累之巨，在全世界都十分罕见。

中国人赚取财富的过程，与中国经济市场化以及经济高速增长的过程完全一致。具体来说，与两个因素有关：中国经济发展一直伴随着频密和剧烈的政策改革，每一次新市场政策都井喷式地释放出巨大的市场空间，在最短时间里嗅出赚钱的可能性，并把握住机遇的人甚至能一夜暴富，享受到高额的政策红利——中国大多富豪都是这样起家的。而另一种状况是具有前瞻性的远见，先于他人进入还未成型的新产业和新市场，等到这个市场发育成熟，这些人已然是行业的领军型人物。

20年来，中国市场提供了多次让人迅速成为富豪的机会。这个游戏人人都可以参与，但是机遇对每一个人来说也是需要作出选择的。是否能准确地判断出市场变动、选择合适的时机以及对随时而来的风险作出准确的评估，考验着人的眼光和胆量。赚到钱成为富豪的，无疑是这个游戏的优秀玩家。

02/　辞职"下海"

20年前，"出国"和"下海"是中国社会两个热点。但这时"下海"去经商的人与20世纪80年代不同——80年代致富的人，除了极少数有权力背景的人外，绝大多数是国家体制之外的草根人群。其中包括从摆地摊起家的"个体户"、集资开厂的"农民企业家"，还有"跑单帮"做"投机倒把"灰色生意的。例如，"傻子瓜子"年广久。"万元户"已是80年代中国人一般能达到的最高财富想象。

1992年，邓小平发表了南方讲话，随即《有限责任公司暂行条例》、《股份有限公司暂行条例》颁布，同年，中国确立了市场经济体制改革目标。对于长期摇摆于"计划"与"市场"体制的中国经济来说，无疑给民营经济带来了无穷的机遇。

许多人看到了尚处发育期的中国市场处处充满了可能性，从 1992 年开始，一两年间，全国有十来万国家机关干部、年轻学者舍弃体制里稳定的保障，冒险"下海"创办企业。

在市场经济刚刚具备雏形的时候，无数空白需要填补和扩充。20 世纪 90 年代前期开始"下海"的这拨人分别进入了不同的行业。其中佼佼者，如在国务院发展研究中心做研究的陈东升，创办了嘉德拍卖，其后又创办了泰康人寿；冯仑和潘石屹等人创立海南万通，进入地产行业；北大英语教师俞敏洪开办新东方学校，进入完全空白的民间教育行业……我们目前很熟悉的一些主流企业品牌如华谊兄弟、汇源果汁、零点调查等也都由这批下海者创立。迄今，他们的企业仍是各行业巨人级别的存在，他们各自也积累了数十亿到数百亿元的资产。

一般把他们的成功归结于：大多在体制单位里工作过，具备一定的人脉；受过良好的教育，对市场有相当的宏观分析和理解能力；并且，不少人对如何做现代企业具备专业管理知识。但是，大胆放弃稳定的体制保障和敏锐地捕捉中国政策走向——选择的勇气，也是这代富豪的起点。

03/ 炒股 20 年

1984 年上海发售了新中国成立后第一只股票——飞乐音响，但是当时的股票更多被视为另一种方式的储蓄或者债券，价格涨跌几乎停滞，交易也是在私下进行，如同黑市。直到 1990 年上海证交所挂牌和深圳证交所试营业，炒股开始成为中国人的财富神话制造机器。

股市真正意义上的启动是"南方讲话"之后。1992 年 5 月 21 日，上海股票交易开放涨跌停板和交易量限制，上证指数一天上涨了 105%。随后，股指连涨数日，到 25 日，达到 1429 点。越来越多的人开始相信：中国股市能令人一夜暴富。

1992 年 8 月，深圳宣布发行国内公众股 5 亿股，发售新股认购抽签表 500 万张，中签率为 10%。凭每张身份证认购一张抽签表，每人一次最多买 10 张表。当时上百万人从全国各地涌入深圳，带着现金和大量借来的身份证，连续数个昼夜排队等待抽签证发售。据说当时一张身份证被炒到了数百元，甚至，后来认购到的抽签表也被炒到数倍乃至 10 倍的价格。最终能买到股票的，当即出售可以获利数倍。后来虽然发生了震惊全国的 8·10 骚乱事件，但是，全民炒股时代开始了。

很多关于 20 年来股市走势的回顾整理出中国股市的数次牛市，比如从 1992 年 11 月 17 日的 386 点开始，到 1993 年 2 月 16 日的 1558 点；1994 年 7 月 29 日至 1994 年 9 月 13 日，股指涨幅 200%。不过最值得记忆的

是 1999 年的"5·19"行情，在网络概念股的强力带动下上证指数推高到
2000 点以上，并到达 2245 点的历史最高点；最近一次则是，从 2005 年至
2007 年，受股权分置改革、社保、QFII、保险等超级资金入市等利好因素的
推动，经过两年多，沪指从 998 点达到前所未有的 6124 点。如此疯狂的涨势，
以至于超女邵雨涵推出了《死了都不卖》股歌专集。

尽管，股市往往是在牛市之后伴随着漫长的熊市，但每一次股市的暴涨，都
造就了民间资本积累的良机。股市是近 20 年来个人聚集财富的主要方式之一。
其中既有德隆系唐氏兄弟那样的资本帝国，也有杨百万那样的草根传奇。据
估计，未来十年，股市仍然是个人和家庭投资的主要方向。

04/　90 年代炒期货

20 世纪 90 年代的期货市场尚处雏形，但民间投资者投入的疯狂比股市过之
而无不及。1990 年 10 月郑州粮食批发市场以现货交易为基础，正式引入期
货交易机制，成为中国第一个商品期货市场。1991 年 6 月，深圳有色金属期
货交易所成立，这是国内第一个以期货交易所形式进行期货交易的交易所。
随后两年全国各类"商品交易所"、"期货交易所"机构达 50 多家，期货经
纪公司有 300 多家，各类兼营机构多达上千家。1993 年，国债期货上市，
中国金融期货市场也正式开启。

期货市场初衷本来是作为"价格信息工具"和现货风险的保险市场设立的。

但是，由于当时较低期货"保证金"制度所带来的超高资本杠杆作用，以及"买空卖空"的灵活交易方式，20世纪90年代中期之前，人们普遍把期货当成另一个比股票利润更大的暴富机会。除了最初物资部门建立的机构，无数私人资金也跟随入市，这当中有赚了小钱的个体户、国有机构的期货代表以私人身份进行投资，还有被期货从业人员介绍入市的亲戚朋友。而在当时，用1%的保证金进行交易，往往能获利10倍以上的利润。20世纪90年代中期以前，由民间筹集巨额资金，或者从银行拿到担保入市炒作的"大户"比比皆是。

90年代的期货热同样也造就了无数千万甚至亿万富豪，但是大多数后来对此讳莫如深。因为他们是当时管理较为混乱的期货市场的乱世枭雄。那时交易所发展过多，交易品种重复；期货经营机构运作不规范，管理混乱；无序发展境外期货；场外地下交易盛行，经济纠纷和社会问题不断出现。国家逐步关闭了大量的商品期货交易所，尤其在1995年国债期货"327"——这一让许多人瞬间赚入上千万元又随即倾家荡产的事件发生后，期货市场进入长达数年的全面整顿。

20世纪90年代期货热带来的财富机会极其短暂，资本市场发展初期的狂热和高度风险显现毕露。当时及早抽身退而转向其他投资的人就此迈进了富豪的门槛，而稍微迟缓者，则早已不知所终了。

05/ *房地产*

中国房地产经历了两次热潮，第一次是 20 世纪 90 年代初期海南和广西等地的房地产热，第二次是 2000 年起直到今天的楼市价格持续增长。前者曾经经历了暴富者的大喜大悲，而后者，迄今还是一个看不到尽头的游戏。

1990 年国务院颁布《中华人民共和国城镇土地使用权出让和转让暂行条例》，中国房地产业开始启动。还是因为"南方讲话"，中央提出加快房地产发展。南方沿海城市，尤其是海南和广西北海这样具有"经济特区"地位的区域，房地产成为了经济增长最热点的产业。在房地产最热的时候，不超过 700 万人口的海南岛出现了 20000 多家房地产公司。而与此隔海毗邻的北海，区区 10 万人口的小城，竟然有上千家房地产公司进驻。这些使海南和北海的房价在短短两三年内增长三四倍以上。

国有银行、国企、民间资本源源不断地涌入南方地区，总额在数千亿元以上。那时炒得最火的不是成品房，而是从政府批出来的地皮和楼花，在短时间就可以转出好几手，尚在图纸阶段的房子即可高价抵押给银行，资金马上投入到下一轮炒作。

1993 年 6 月，国务院加强宏观调控，终止房地产公司上市，缩紧银根并清理所有建设项目。一时间，所有开发商和炒家逃离或破产，在南方留下了无数烂尾楼。大多参与投资的大型银行和券商都损失惨重。

不过，短暂疯狂的南方房地产也造就了一批幸运的商人，潘石屹就是其中的精明者。他在房地产热早期参与创立"海南万通"，通过房地产赚到了第一笔 500 万元。1992 年，他通过查看政府内部房地产统计数据，敏锐地嗅到了投机过热的危机，即与同伴撤离海南，回到北方。在房地产热中积累起来的资金和经验却奠定了他日后地产王国的基石。

第二轮房地产升温始于 20 世纪 90 年代末，政策背景是，住房制度改革使商品房成为持续需求，同时通货紧缩的形势使得政府将房地产作为拉动内需的产业；地方政府对土地财政的依赖，再加上中国加速城市化进程，城市人口迅速膨胀，这一升温加热效应一直持续至今。

迄今，越来越热的房地产市场造成了两个层面的财富聚集高潮。其一是从事房地产开发的商人构成了中国富豪榜的中坚力量，在每年的福布斯中国富豪榜前 20 位富豪中，房地产商占据三分之一或者更多，其中长年有碧桂园、恒大这样的巨型地产企业。

其二，由于过高的储蓄率和中国民间投资渠道狭窄，民间投资者的资金也大量涌入房地产业。上一次海南房地产热的玩家多是资本冒险家，而从 20 世纪 90 年代末开始，参与者包括所有的普通民众。"温州炒房团"曾经被当成一个奇怪的群体，但实际上从 2001 年开始，那些"火车炒房团"、"飞机炒房团"只是全民炒房围房的先兆。

随着中心大城市房价不断推高，购入房产成为中国人积累财富的主要方式。目前，但凡有经济能力的人士，都选择投资房地产来创造和增值个人财富。

据称，上海有 6 万多的普通家庭，通过购买房产，家庭资产上升到千万元级别。无论数字是否确切，但看看你我周围，将家庭资金投入到房产购买中的人比比皆是。

对于房地产的走势，全社会都争论不休，挺涨派和风险派针锋相对。国家对房地产市场近年数次"国八条"、"国五条"的调控文件，释放出遏止房地产投机的信息，但实际收效不大。至于民间投资者如何判断前景与风险，又是一个选择的问题。

06/ 互联网创业

从 20 世纪 90 年代末期开始，越来越热的互联网创业，是迄今中国最大的财富神话制造者。与改革开放以来通过传统行业致富的方式不同，互联网创业的政策依赖色彩较弱，信息革命——互联网技术的进步以及对人类生活的深刻重构，为年轻创业者提供了无数的可能性，而最新资讯、对仍在高速变化的互联网的理解以及创意是支撑互联网创业的基石。

中国互联网创业大致经历两个阶段。

第一个阶段始于 20 世纪 90 年代后期，我们熟悉的几大巨头型互联网公司——新浪、网易、百度、腾讯、阿里巴巴和盛大，都在这个时期成立。这些公司创立的契机恰逢其时，首先是中国的互联网开始高速发展，进入了工作和生活的普及使用时期。作为互联网发展的核心地区，美国的互联网经济格局基本形成，在这一时期新科技概念股惊人地高涨。这些公司的创业者们，大多有在美国受教育和工作的经验，或者本身是信息产业中的一员。

他们具备当时还尚属稀缺的互联网知识，同时有便利的机会对美国互联网经济发展进行深入观察，促成了他们选择成为中国互联网企业最初的尝试者。

这一时期创立的互联网公司，几乎都借鉴了当时美国互联网企业的经验，类型覆盖了门户网站、搜索、电子商务、IM 和游戏业。这也是其后长达数年，互联网应用的基本框架，后续的创业公司大多数沿着这个框架进行市场细分。

作为最初的互联网企业，新浪、百度、阿里巴巴占据了绝大多数网络流量，可以说中国人的网络生活——资讯、交易、娱乐基本通过它们完成。这些公司从 2000 年以后，陆续在美国纳斯达克上市，都获得了相当惊人的股市业绩。而这些创业者，也成为了中国最年轻的富豪群体。

后来几年，尽管中国大量互联网公司不断上市，但都无法形成像他们那样的巨头规模和达到相当的市值水平。丁磊、马化腾、李彦宏等人，先后都成为了中国首富。

第二个互联网创业浪潮是 2007 年以来，由移动互联发展促发的。智能手机的普及让中国互联网使用人群呈现出爆炸性增长——手机网民在 2013 年已经超过 4 亿。与此同时，智能手机的"位置信息 +24 小时在线模式"将人们主流的生活与商业活动都深深与互联网融合在一起。

相比传统互联网，移动互联网演变成为集地理服务、聚合社交、娱乐与商务的多功能平台。手机与生活的超强联系，使人们对网络使用需求剧增，应用模式也发生了巨大变化。挖掘手机在生活中的细节功能，开发一个新的应用模式，往往就可以开启一个日后可以做大的商机。我们熟悉的类似于大众点评、陌陌、信用卡管家等都是如此。

在腾讯、新浪这样的互联网巨头纷纷把重心向移动互联网重新布局时，移动互联网创业也成了近年来全国最热门的词汇，在每个大城市的软件园区里，规模小到三五人，大到数百人的创业团队数以千计。

与前辈创业者不同，移动互联创业者年龄更低，有的还是在校大学生。移动互联已经跨越了大而全的网站时代，需要的是灵活细小的创意。年轻创业者自身与互联网的高融合度是其创业的天然优势。不少著名的应用创意都来自开发者自身的生活需要。

移动互联创业也被视为有史以来门槛最低的创业方式，只需要一台电脑、一部手机和一个创意。它不需要依赖传统的社会关系，因此被称为年轻人"唯一不需要拼爹的行业"。同时，因为新技术的软件和互联网技术的发展，使创业的资金门槛也大为降低。创新工场李开复曾说，移动互联网开发和创业只需一两百万元就够了，有 10 个人可以打造非常棒的移动互联应用。甚至，有 10 万元也可以创业，创业者的黄金时代已经来临。

今天的创业者所面临的投资环境也已改变，同马云他们那时的艰苦创业不同，中国的移动互联网已经形成了一套活跃的融投资体系。从创新工场这样的孵化器，到活跃的天使投资人，再到多轮风险投资机制、战略收购或上市退出机制，已经非常完善。2013 年，大型风投机构 IDG、红杉资本、软银中国、KPCB 都给移动互联网创业团队进行了上千万美元的投资。与此同时，腾讯、阿里巴巴等互联网巨头公司今年对创业团队的数次并购都给团队带来数亿乃至十来亿美元的收益。

移动互联网的发展仍然处在起步阶段，可以想象，人们的需求与应用的创新是无穷尽的——低成本、高收益的创业模式仍然会不断吸引无数年轻人进入这个领域。他们都想成为下一个马云，甚至是 25 岁时财富已达百亿的扎克伯格。

商店的变化

01/ 百货商场

20 年前，百货商场是城市中最热闹和时尚的地方，同朋友或者全家一起逛百货商场是生活必需的内容之一。

20 世纪 90 年代之前，国有百货店一直承担着计划经济体制下物资短缺经济的生活配给渠道的职能，它的主要任务是"稳定物价"、"保障供给"，并不完全具备百货店原有意义上的特征。

从 20 世纪 90 年代初，几大城市的传统百货商店开始了经营方式变革，店体扩建或者进行重新装饰，安装中央空调，引入收银系统以改善购物舒适度。同时，大规模扩增商品的种类与数量，使百货商场成为城市里物品最齐全和丰盛的地方。最有具标志性的变化是：改变原来的隔着柜台、由售货员拿取的销售模式，引进品牌厂家，设立半开放的品牌专柜和导购服务式销售。

从国有百货店变革而来的百货商场有两种定位，一是原来以服务外国人为主的友谊商店：北京燕莎友谊商城、广州友谊和上海友谊商店是高档百货的代表；而王府井百货大楼、西单商场、上海第一百货、广百这样的属于市民普及型百货商店。

也在同一时期，大量外资、台资进入这一领域，太平洋、百盛、正大等国际百货集团在中国内地开设合资商场，将国外著名品牌和更友善的销售服务带入了国内。大量的国际名牌包括首饰品牌把进驻百货商场作为入华的第一步。此时，时尚替代了物资需求，成为百货商场的营销主题。

百货商场是 20 年前中国商品经济开始加速、城市人群消费需求突增的第一个标志。百货商场在 20 世纪 90 年代中期之前盛况空前，不少大型百货公司门口总是排着长队，一些百货公司甚至为了控制人流量而推出了 3 毛钱一张的门票。

时尚服装品牌、高档电器与包装精美的食品，是当时百货商场销售得最热火的商品。逛百货商场，几乎等同于阅读著名品牌教科书和上时尚生活方式的学习课程，而不仅仅是购买生活物资。

经过十来年的扩张，随着消费方式的转移，并受陆续出现的新零售业态和电商冲击，大商场增速变缓慢或已经出现衰退。2013 年，一二线城市不断有大商场停业撤场。

02/ 超市

1983 年于北京开设的试验性"粮油食品自选商场"就是中国超级市场的雏形。

到 20 世纪 90 年代初期，逐渐在大中城市普及开来，其中规模最大的为北京首家超市"京华自选商场"。

20 世纪 90 年代初期，国际零售业进入中国，跨国品牌的超市开始进驻经营，如美国的沃尔玛、法国的家乐福超市，而早期国有自选商场大多消失。中国的独资超市公司，随即参照外来超市品牌的标准进行经营和管理，如广州的好又多量贩（后被沃尔玛收购）和上海的联华等。

后来港资与日资的一些超市如百佳、吉之岛等也逐渐进入内地开设分店。这几类超市构成了中国的基本超市网络。

超市在中国城市中扩张速度惊人，沃尔玛进入中国十几年间，已经开设了380 多家门店。城市的每个中心商区都有一个或多个超市，一个社区居民在两公里之内就可以抵达超市购物。超市成为了大城市中主要的日常购物场所。

去超市购物，首先是因城市开发而促发了生活方式变化。近 20 年来中国城市的开发，形成了无数新住宅小区和楼盘。传统的住宅一般同开放的商业街区混杂在一起，小型店铺和市场可以满足日常生活的大多需求。而新型小区却是封闭的空间，小区内部乃至周边商店数量和种类都寥寥无几。位于几个社区之间的超市则可以满足周边社区的日常购物需求。

生鲜食品与小型包装的日用快销品占据超市货品一半以上，而且品类繁多。所有家庭生活的必需品，都被集中到超市里。对于生活节奏加快、闲暇时间不多的城市人来说，超市的"一站式"购物是最有吸引力的地方。购物环境是超市大受欢迎的另一个原因。超市内的生鲜食品都按标准流程进行宰杀、切割、清洗、标价和包装，非常干净地摆放在冷柜和货架上。对于中国人而言，第一次省却了千百年来同小贩的讨价还价、忍受菜市果蔬店的污浊环境的购买烦恼。

与百货商场不同，超市的货品都是开放式分类摆放，人们可以按照自己的节奏对各种商品进行挑选，最后到出口处统一付款。整个自助购买过程，没有售货员在场打断挑选，摆脱紧逼式推销的压力，无疑超市给人提供的轻松购物体验。

进口食品在中国市场上大量出售也是首先从超市开始的。日本的海产品、澳洲的牛排、西班牙火腿以及其糖果糕点等等，回应了城市中产人群对生活质量开始提升的需求。某种程度上，超市塑造了中国都市人群日常物质生活的底色。

03/　仓储式商场

仓储式商场是以批发的方式进行零售的商场，选址一般在城乡结合部或近郊。商场外观往往像仓库或者厂房。商场内部规模远比超市巨大，商品销售与商品储存合于一个空间。大部分商品以大包装和家庭装为主。场内极少豪华装饰，一切以简捷为特色。商品采取开架式陈列，由顾客自选购物。场内很少有工作人员，场内通过数字系统对仓储进行管理。

20 世纪 90 年代中期，仓储式商场就已经进入中国。最著名的就是仓储式商场的鼻祖之一的"万客隆"（Makro）和沃尔玛山姆会员店。最初仓储式商场让人困惑不解：商场远离中心市区，交通不便；每件商品包装巨大，携带回家非常困难；无法接受需要缴纳一笔会员费才可以购物。因此当超市大肆扩张时，仓储式商场在中国曾经停滞不前。

但是近几年，山姆店开始发力，目前已经在中国建立了 11 家分店，每家新店开业时都有大量的顾客驱车而来。据说山姆店还将继续在全国 35 个主要城市开设。仓储销售发展同中国中产人群增长和稳定的生活形态逐渐形成有关。

在 20 年来的城市化进程中，中产人群居住区域不断向外迁移，在城市周边形成了许多大型外围楼盘。在卫星城中心地带或者近郊区设店的仓储式商场，可以为居住分散但人口量大的区域提供齐全的货品，而且集中一次购买便可以满足较长时间的需要——仓储式销售与中国城市发展相契的时期到来了。

中产家庭汽车的普及是其中的关键。汽车和郊区通畅的道路将周边十来二十公里范围内的家庭同商场联结起来。驱车来到这里和把大量商品带回家非常便捷，甚至，居住在市区的家庭也因郊区交通便利而选择开车来此购物。

目前仓储式商场周边，基本都有不少餐饮、娱乐等设施作为配套，这是应对中国新兴中产家庭生活习惯的策略——中国家庭往往喜欢周末举家开车前往，年轻夫妇携带小孩，或者把婴儿放进大型购物车里边走边逛的场景比比皆是。对于中国中产家庭来说，集中购物其实已经与周末例行的郊游或聚会合一。

在中国，严格的会员制和独特的货品是仓储商场的两个最大卖点。新兴中产人士对商品品质和价格的心理取舍已经趋于平衡，今天无人再诧异需要缴纳会员费才可以购物，可以理解仓储商场的基本理念——足够的会员加入可以使有保证的高品质商品维持在一定的价格之内。

而独有货品是另一个法宝，通过销售某些在大型超市没有售卖的进口肉食、巧克力或者水果，或者尚未普遍进入中国的高档日用品，以区别于那些不需要会员证的超市。仓储式商场，是中国中产阶层成型的一面镜子。

04/ 便利店

在连锁便利店出现之前，我们熟悉的是大街小巷里的"夫妻杂货店"。店面简陋，只出售简单的食品、饮料、香烟以及一些价格低廉的杂货。往往来买东西应急的人都是邻居街坊。随着城市改造，杂货店无法负担起高涨的租金，更主要是它提供的服务已满足不了当代人的需要。杂货店逐渐消失。

现在承担城市里便捷购物服务的是连锁便利店。城市里常见的便利店有中资的美宜佳、快客等，以及外资的 7-11、OK 店。相对于有些更像微型超市的国内便利店，外资便利店的规格和角色更为统一和明晰。近年来外资便利店在中国大城市的扩张速度十分惊人，2005 年进入华南地区的 7-11，迄今在中国已经有 1700 家店面，在每一个一线城市，都有上百家到几百家加盟店。

大多数连锁便利店 24 小时营业。而在城市空间的布局上，便利店基本都选址在消费者日常生活场所步行可抵达距离之内，如楼盘群旁、地铁口、大型停车场、公交中转站、写字楼密集地区等。无论是家门口，还是办公室附近，或者在路上，只要有需要都可以随时进入便利店。

超市是密集型的城市日常生活消费场所，便利店就构成了无数均匀散布的购物节点，使消费和服务在城市空间和时间里不间断地随手可及。

便利店一般只有几十平方米到 100 平米，但往往可以提供临时所需的上千种商品，包括日用快消品、饮料和食品，尽管未必比超市实惠，但因为其就近可得，销量一直稳定。大多数便利店都提供熟食和热饮，而这些即食品针对特定的时间安排，提供早餐、午餐便当、汉堡和夜宵，并附带有加热甚至堂食服务。

便利店的服务十分多元化。手机和淘宝充值、水电煤缴费系统，代订机票和火车票、代购电影和演唱会门票、衣物代洗、邮件代寄等功能性服务，提供免费外送、免费加热开水、免费手机充电等；有的与公共服务和金融机构合作，具备了代为缴费和支付功能。

连锁便利店是商业社会"快文化"对人们的心理潜移默化的表现——时间就是金钱是一个颠扑不破的真理，人人都希望用最少的时间完成日常生活需要，提高效率，留下更多的精力追求更大的利益。高度发达的美国、日本是 7-11 这类便利店最密集的地方，便利店在中国急速增长，是商业化社会已经成熟的征兆。

05/ 书店

长达几十年，大多数城市里只有一种书店——国有新华书店。即使 20 世纪
80 年代后，开始有了民营书店，但进书的种类和品质也远远无法同新华书店
相提并论，去新华书店购书是现在年纪稍长的人的共同记忆。一进入新华书店，
便被布满四壁的各类书籍吸引，一本本不断翻看，不知不觉就是两三个小时。
是去买书和还是只是看书，在新华书店里并无本质的区别。

20 世纪 90 年代中后期，大城市"购书中心"和"书城"开始出现。购书中
心是按照商业地产的逻辑建造起来的大型图书市场，里面既有传统的新华书
店进驻，同时还有上百家大小书店、文具用品店、工艺品店，甚至还有演讲
厅和咖啡厅。购书中心用购物中心的方式，把有关购书的各种活动组织成一
个相互关联的体系。购书中心曾经是一个城市里人流最密集的地方，每天可
以达到数十万人。

20 世纪 90 年代中期开始，有类民营书店被称为"人文书店"、"独立书店"，
比如北京的"风入松"，上海的"季风"、"左岸"和广州的"学而优"。
店主基本都是爱书的文化人，这类书店所卖的书籍集中在几方面知识或者文
化领域。它曾经备受赞赏的是书店主人对上架书的挑选眼光。在很多城市里
人文书店往往被视为一种被默许的符号功能，它是优秀写作者、有品位的阅
读者和专业研究者的精神联系。这些书店甚至被视为一个城市文化时尚的象
征。

如今实体书店已经举步维艰，无论是新华书店、大型购书中心还是民营书店，如同多米诺骨牌一样纷纷关门倒闭，曾经熟悉的地方不再有书店。书店的艰难经营几乎是全球性的普遍状况，在号称人均书籍阅读量最高的法国和德国也是如此。

书店经营的困难来自两个基本的市场冲击：店铺租金成本持续走高和网络书店的竞争。城市地租高涨是每个行业都在承受的重压，对利润微薄的书店来说尤为窘迫。而就售书而言，在线书商售书的成本优势和 24 小时便捷的物流配送是实体书店完全无法与之竞争的。

书店经营者还在试图用各种方式尽量维持书店的运营，于是产生了一些对书店经营的新奇创意。有的城市出现了以会员制年费"借书"的书店，经营"图书＋咖啡馆"、"图书＋工艺品店"、"图书＋沙龙聚会"以及"图书＋美食"主题书店，等等。

挖掘书店同特定人群的情感关联，用各种生活元素构造书店的现场价值，把书店由单纯售书的地方转变为经营体验的文化消费场所，这样的实验是否成功，建议大家有时间不妨去看看。

06/ 网店

如同互联网在我们生活中无处不在的改变，不可避免的是，电子商务已经对现存的所有商店形态进行了重新塑造。如今或许有些商店你很久没有去过了，但是在线购物却一定常常光顾。屏幕已经成为了首屈一指的商店。

阿里巴巴董事长马云曾经与大连万达董事长王健林有过一次关于在线商务和传统零售的口水仗。马云声称：传统零售业远非网购对手，犹如"在机枪面前，什么拳都没用"。没有人把他的话视为狂妄，他所经营的淘宝网和天猫商城年营业额已经超过了万亿元，被英国《经济学人》杂志称为"世界上最伟大的集市"。

电子商务种类涵盖甚广，但是对传统商店影响最深的，与每个人日常生活关联最深的就是在线零售，也就是俗称的网店。

从电子平台、商家与消费者三者的关系来说，在线零售可分为几个模式。对于我们而言，网店确实只是提供了便捷的购物渠道，但有趣的是，如果观察几种基本的在线零售类型，便可以清晰地理解传统商店所遭遇的变化。

淘宝网是中国人最熟悉的在线购物平台，它的电子商务类型属于 C2C 模式（Consumer to Consumer），指个人对个人的交易形式。无论是否有注册品牌和企业，登记成为淘宝的会员，就可以将网店信息下载到淘宝平台上进行商品销售。交易达成，通过第三方支付平台——支付宝或者网上银行付款，由卖家安排物流配送到买家手里。淘宝网如同一个超大的跳蚤市场，任何合法商品都可以自由地在私人间买卖，只是这个市场是全国甚至全世界共时的。不受地域限制的选择广度，同时还省去了人和人沟通的成本、店租成本。C2C 模式的电子商务对小型店铺、各类以出租档口为经营模式的大卖场（如电脑城、服装城）、任何非贵重小商品的实体店和二手市场带来的冲击是致命的。

B2C 模式 (Business to Consumer) 在中国几乎同 C2C 同时出现。在体验过 C2C 小而灵活的购买方式后，网购者对网购的品质需求开始提升。B2C由于具备良好稳定的商业诚信和稳定的平台运作，近年来增长速度极快。

B2C 模式更接近于我们熟悉的传统商店：有 1 号店、天猫超市这样的在线超市；当当网、京东商城这样的综合商场；天猫商城、拍拍网这样的购物中心；易购这样的专业 3C 卖场，以及李宁、海尔、联想这样的厂商在线品牌专卖店。

B2C 模式的增长还意味着一个更深刻的趋势——传统商店与电子商务合流。几乎所有商业模式都往在线化方向发展。原来主要在传统百货店或者自营专卖店里售卖的品牌如今或者自己开设线上业务，或者与大的电商平台联营，成为在线专柜。原有的传统商店，如苏宁电器，逐渐关闭实体门店，变成排名前列的垂直电子商业平台；沃尔玛超市通过收购 1 号店、华联商厦之类的百货商场自营开展，开始将线上和线下业务二者融合。

也许有一天，不再会有网店或者电子商务这个说法，一切都将在线。

2/3

思考

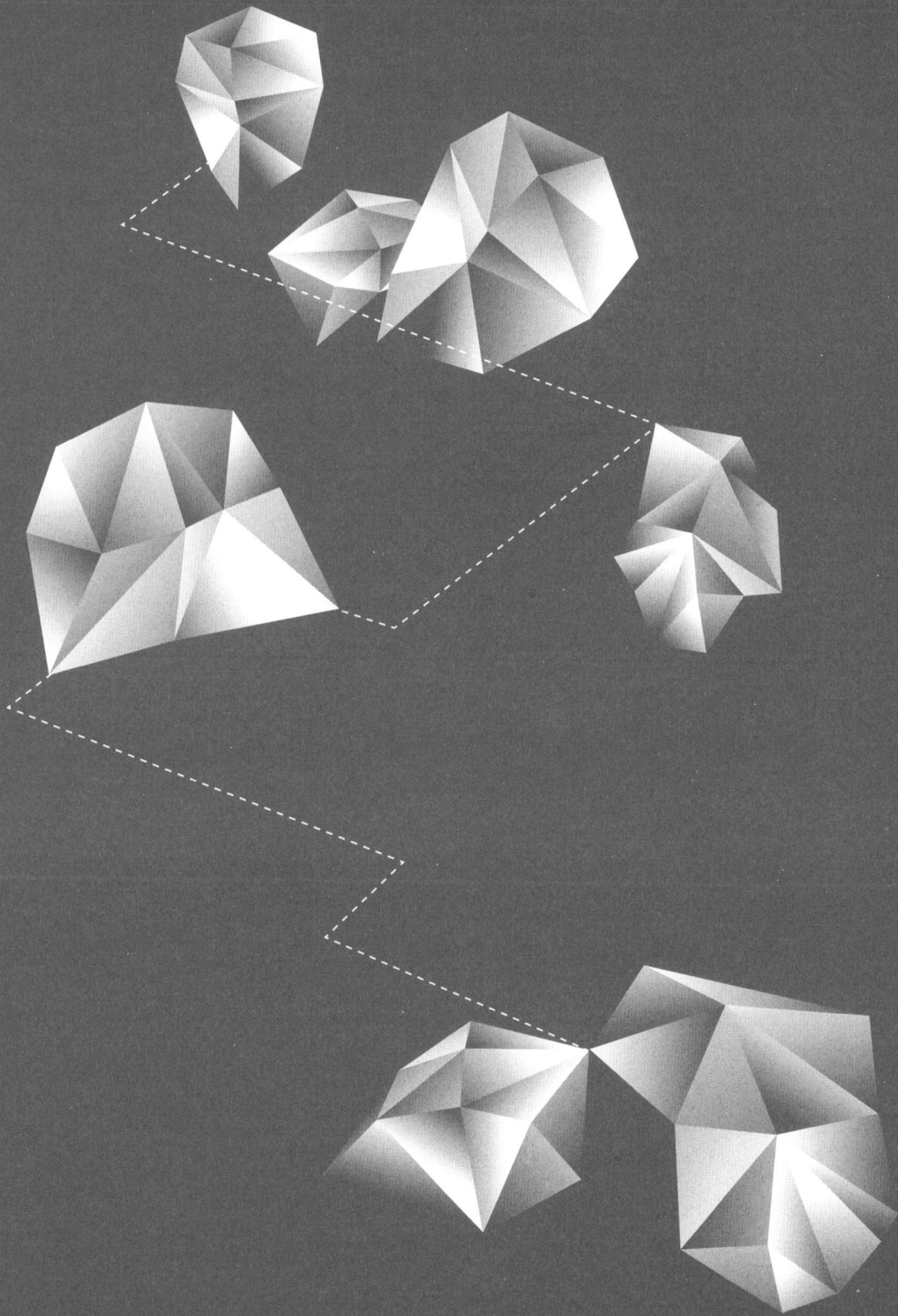

梵远

庄子《逍遥游》
和自由的意义

庄子说人应该过一种高品位的生活，人应该有高雅的趣味，
人应该和现实中的冲突与是非、名与利、得与失、荣与辱，
保持距离，只有在这种状况下，人才能活够天年。
这才叫真正的"逍遥游"。

谁不向往自由呢？谁不想做一个自由自在的人呢？但什么是自由呢？每个人的想法并不一样。有些人会觉得想做什么就做什么就是自由。有些人会觉得保持生命的尊严就是自由。无论如何，自由意味着人类向往的一种生存状态和精神状态，可以自由地迁徙、自由地表达、自由地选择，等等。如何获得自由呢？有许多不同的通往自由的道路。有整个社会为摆脱奴役通向自由的道路，也有个人挣脱精神枷锁走向自由的道路，等等。有些人觉得金钱可以带来自由，有些人觉得权力会带来自由，有些人觉得知识会带来自由，有些人觉得信仰会带来自由，等等。我们不想展开作冗长的讨论，而是坐下来，一起读读庄子的《逍遥游》。也许，庄子的思路会给我们另一种关于自由的理解。

庄子从鱼开始说起。他说在北海有条鱼，叫作鲲。鲲非常巨大，大到什么程度呢，大到你看不出它有几千里。鲲变成鸟，就叫作鹏。鹏的背，大到你不知道有几千里。鹏鼓翅奋飞的时候，翅膀像天边的云。当大海动摇，这只鸟就飞往南海。南海，就是天池。

有一本书叫《齐谐》，记载一些希奇古怪的事。这本书说："当鹏飞往南海时，水浪击起达三千里，借着旋风盘旋直上九万里，离开北海要花上六个月时间飞到南海，然后休息。"恍如野马般奔腾的气息，飞扬的游尘，以及生物被风吹而飘动。天色苍苍茫茫，难道是它真正的颜色吗？它的高远是没有穷尽的吗？大鹏往下看，也是这样的光景吧。

庄子从鱼说到大鹏，完全离开了一般人的生活经验，离开了一般人所能想到的生活圈子，一下子就展开了广大的视野。然后，他又回到眼前，说起小水塘。

要是水蓄积得不深厚，就没有力量负载起大船。把一杯水倒在塘上的低洼之处，一根小草就可以成为船。如果把一个杯子放上去，就会被粘住，这是因为水浅而船大了。风力积蓄得不大，就没有力量承载巨大的翅膀。所以鹏飞九万里，那厚积的风就在它下面，然后它才可以乘风而行。鹏背负着青天而没有阻碍，然后才开始向南飞行。

蝉和小斑鸠讥笑鹏说："我们尽了全力而飞，碰到榆树和檀树就停下来，有时飞不上去就落在了地上。何必要飞九万里往南海去呢？"到近郊去的人，只带当天吃的三餐粮食就可当天回来，肚子还是饱饱的。到百里外的人，就要准备一宿的粮食。到千里外的人，要聚积三个月的粮食。蝉和小斑鸠这两只小虫又哪里知道呢？

到这里，庄子比较了大与小，格局很小的生命很难理解格局大的生命。王仲镛先生曾这样诠释这一段："逍遥游，是指明道者从必然王国到自由王国以后所具有的最高精神境界。大鹏就是这种人的形象。蝉与斑鸠，指世俗的人。在庄子看来，一般世俗的人，由于视野狭窄，知识有限，是不可能了解明道者的精神境界的。"

庄子接着继续比较小与大的不同境界。小智比不上大智，短命比不上长寿。怎么知道是这样的呢？朝生暮死的小虫不知道黑夜与黎明。春生夏死、夏生秋死的寒蝉，不知道一年的时光，这就是短命。楚国的南方有一种灵龟，它把五百年当作一个春季，五百年当作一个秋季。上古时代有一种树叫作大椿，它把八千年当作一个春季，八千年当作一个秋季，这就是长寿。可是活了七百来岁的彭祖如今还因长寿而特别闻名，众人都想与他相比，岂不可悲！

商汤问棘，也有这样的话。汤问棘说："上下四方有极限吗？"棘说："无极之外，又是无极！不毛之地的遥远北方，有个大海，就是天池。里面有条鱼，它的身子有几千里宽，没有人知道它有多长，它的名字叫作鲲。有一只鸟，它的名字叫作鹏。鹏的背像泰山，翅膀像天边的云。借着旋风盘旋而上九万里，超越云层，背负青天，然后向南飞翔，将要飞到南海去。小泽里的麻雀讥笑鹏说：'它要飞到哪里去呢？我腾跃而上，不过数丈高就落下来，在蓬蒿丛飞来飞去，就是极致的飞行了。而它还要飞到哪里去呢？'这就是大和小的分别。"

所以，那些才智能胜任一官的职守，行为能够庇护一乡百姓的，德行能投合一个君王心意的，而能够取得全国人信任的，他们往往自鸣得意，和上面说的那只小鸟一样。而宋荣子对这种人加以嘲笑。宋荣子这个人，世上所有的人都称赞他，他并不因此就特别奋勉；世上所有的人都诽谤他，他也并不因此就感到沮丧。他认定了对自己和对外物的分寸，分辨清楚荣辱的界限，不过如此罢了。他对待人世间的一切，都没有汲汲去追求。即使如此，他还是有未达到的境界。

列子乘风而行，飘然自得，驾轻就熟，十五天以后返回。他对于追求幸福的事，并不显得迫切。这样做，已经少了一般世俗的奔波，但还是有所凭借的。若能顺应天地万物的本性，把握着六气的变化，遨游于无穷的境地，他还要凭借什么呢？所以说修养最高的人能任顺自然、忘掉自己，修养达到神化不测境界的人无意于求功，有道德学问的圣人无意于求名。

讲到这里，庄子讲出了他最重要的看法：世人之所以不自由，是因为"有待"。所谓有待，就是自己不能支配自己，总是受外力的牵制。按照庄子的说法，人要获得自由，必须超越世俗的常识层面的规范和价值，而要把自己放到宇宙天地之间去。具体地说，就要做到"无己"、"无功"、"无名"。

尧要把天下让给许由，说："太阳月亮出来了，而小火把还不熄灭，它的亮度，要和日月相比不是太难了吗？及时雨降下了，还要挑水灌溉田地，对于滋润禾苗，不是徒劳吗？先生你如果成为君王，天下一定大治，而我还徒居其位，我自己感到惭愧极了，请允许我把天下交给你。"许由说："你治理天下，天下已经治理好了，而我再接替你，我岂不是为名而来吗？名，是依附于实的客体，我难道要做有名无实的客体吗？鹪鹩在深林中筑巢，所需不过一根树枝；鼹鼠到河里饮水，所需不过满腹。请你回去吧，我要天下做什么呢！厨子不下厨了，主祭的人也不应该越位而代行厨子的职事。"

世俗的看法是权力越大越好。庄子的看法是你需要的不是去追逐大家都在追逐的东西，你需要是你自己需要的东西。人在世间要明白自己的本性，明白自己的使命或位置，而完全不必越位去做一些和自己的本性不相符的事情。

肩吾问连叔说："我听说过接舆讲的一段话，言辞夸大而不切实际，漫无边际而无法验证。我听了他的话又惊奇又害怕，就像天上的银河看不见边际。和常理差别太大，不合世情。"连叔说："他讲了些什么呢？"肩吾说："他说，在遥远的藐姑射山上，住着一位神仙，皮肤像冰雪那样洁白，体态犹如处女般柔美，不吃五谷，只是吸清风、喝露水，乘着云气，驾着飞龙，遨游于四海之外。他的精神凝聚，使万物不受灾害而年年五谷丰收。我认为这是狂言而不可信。"

连叔说："这件事要这样看。你无法让一个盲人欣赏文章的文采，你也无法让一个聋子欣赏钟鼓之乐声。并非只有形体上的瞎子和聋子，心智上的瞎子聋子更多啊！说的就是你啊！那个神人，他的德行与宇宙万物合为一体。世人争功求名，纷乱不已，他哪里肯辛辛苦苦劳形伤神去管世间的俗事呢？这种人，外物伤害不了他，滔天洪水淹不着他，大旱时金石熔化、烧焦土山而热不了他。他的尘垢糟粕就能造就尧舜，他哪肯纷纷扰扰以俗事作为自己的事业呢？

有个宋国人采购了一批帽子到越国去卖，越人的风俗是剪断长发，身刺花纹，帽子对他们毫无用处。尧治理天下百姓，使海内政治清平，如果他到遥远的藐姑射山、汾水的北面，见到四个得道的人（传说是王倪、齧缺、许由、被衣等四个），他一定会茫然忘其身居天下之位。"

惠子对庄子说："魏王送给我大葫芦的种子，我种下后结出的葫芦大得可以容纳五石。用它来盛水，它却因质地太脆无法提举。切开它当瓢，又大而平浅无法容纳东西。大是很大，却没有什么用处，我就把它砸了。"

庄子说："你真不善于使用大的东西啊。宋国有个人善于制作防止手冻裂的药，他家世世代代都以漂洗丝絮为职业。有个客人听说了，请求用一百金来买他的药方。这个宋国人召集全家商量说：'我家世世代代靠漂洗丝絮，一年所得不过数金；现在一旦卖掉这个药方马上可得百金，那就卖了吧。'这个客人买到药方，就去游说吴王。那时正逢越国有难，吴王就命他为将，在冬天跟越国人展开水战，（吴人用了不龟手之药），大败越人，吴王就割地封侯奖赏他。同样是一帖防止手冻裂的药方，有人靠它得到封赏，有人却只会用于漂洗丝絮，这是因为使用方法不同啊。现在你有可容五石东西的大葫芦，为什么不把它系在身上作为腰舟而浮游于江湖呢？却担忧它大而无处可容纳，可见你的心地过于浅陋狭隘了！"

惠子对庄子说："我有一棵大树，人家把它叫作臭椿，树干上有许多赘瘤，不合绳墨，它的枝杈弯弯曲曲，不合规矩。它长在路边，木匠看都不看它一眼。现在你说的那段话，大而无用，大家都不相信。"

庄子说："你难道没见过野猫和黄鼠狼吗？屈身伏在那里，等待出游的小动物。它们捉小动物时东跳西跃，不避高低；往往踏中机关陷阱，死在网中。再看那旄牛，大如天边的云，可以说够大的了，却不能捕鼠。现在你有一棵大树，却担忧它没有用处，为什么不把它种在虚无之乡，广阔无边的原野，随意地徘徊在它的旁边，逍遥自在地躺在它的下面。不会遭到斧头的砍伐，也没有什么东西会伤害它。无所可用，又哪里会有什么祸害呢？"

庄子讲逍遥游，讲了很多譬喻性的故事，不断地引导我们跳出各种各样的框框，这到底要告诉我们什么呢？流沙河先生在《庄子闲吹》里认为，庄子要告诉我们的是"人要怎样才活得逍遥，就是要'无所待'。这就是我们今天说的'人不求人品自高'，就是说你不要削尖脑袋这儿去拱那儿去拱，到处去拉关系，请别人来帮你疏通关系，你要自己努力，要自己创造，自己去找自己的快活。庄子说的逍遥游，不是我们今天说的'玩的就是心跳'，这不叫逍遥游。庄子说人应该过一种高品位的生活，人应该有高雅的趣味，人应该和现实中的冲突与是非、名与利、得与失、荣与辱，保持距离。只有在这种状况下，人才能活够天年。这才叫真正的"逍遥游"。

庄子《逍遥游》原文

北冥有鱼，其名为鲲。鲲之大，不知其几千里也；化而为鸟，其名为鹏。鹏之背，不知其几千里也；怒而飞，其翼若垂天之云。是鸟也，海运则将徙于南冥。南冥者，天池也。

《齐谐》者，志怪者也。《谐》之言曰："鹏之徙于南冥也，水击三千里，抟(tuán)扶摇而上者九万里，以去六月息者也。"野马也，尘埃也，生物之以息相吹也。天之苍苍，其正色邪？其远而无所至极邪？其视下也，亦若是则已矣。

且夫水之积也不厚，则其负大舟也无力。覆杯水于坳堂之上，则芥为之舟；置杯焉则胶，水浅而舟大也。风之积也不厚，则其负大翼也无力。故九万里，则风斯在下矣，而后乃今培风；背负青天，而莫之夭阏(è)者，而后乃今将图南。

蜩(tiáo)与学鸠笑之曰："我决(xuè)起而飞，抢(qiāng)榆枋而止，时则不至，而控于地而已矣，奚以之九万里而南为？"适莽苍者，三餐而反，腹犹果然；适百里者，宿舂粮；适千里者，三月聚粮。之二虫又何知！

小知不及大知，小年不及大年。奚以知其然也？朝菌不知晦朔，蟪蛄(huì gū)

不知春秋，此小年也。楚之南有冥灵者，以五百岁为春，五百岁为秋；上古有大椿者，以八千岁为春，八千岁为秋。而彭祖乃今以久特闻，众人匹之，不亦悲乎？

汤之问棘也是已。穷发之北，有冥海者，天池也。有鱼焉，其广数千里，未有知其修者，其名为鲲。有鸟焉，其名为鹏，背若泰山，翼若垂天之云；抟扶摇羊角而上者九万里，绝云气，负青天，然后图南，且适南冥也。斥鷃(yàn)笑之曰："彼且奚适也？我腾跃而上，不过数仞而下，翱翔蓬蒿之间，此亦飞之至也。而彼且奚适也？"此小大之辩也。

故夫知效一官、行比一乡、德合一君、而(nài)征一国者，其自视也，亦若此矣。而宋荣子犹然笑之。且举世誉之而不加劝，举世非之而不加沮，定乎内外之分，辩乎荣辱之境，斯已矣。彼其于世，未数(shuò)数然也。虽然，犹有未树也。夫列子御风而行，泠(líng)然善也，旬有五日而后反。彼于致福者，未数数然也。此虽免乎行，犹有所待者也。若夫乘天地之正，而御六气之辩，以游无穷者，彼且恶乎待哉？故曰：至人无己，神人无功，圣人无名。

尧让天下于许由，曰："日月出矣，而爝(jué)火不息；其于光也，不亦难乎？时雨降矣，而犹浸灌；其于泽也，不亦劳乎？夫子立而天下治，而我犹尸之；吾自视缺然，请致天下。"

许由曰："子治天下，天下既已治也；而我犹代子，吾将为名乎？名者，实之宾也；吾将为宾乎？鹪鹩(jiāo liáo)巢于深林，不过一枝；偃鼠饮河，不过满腹。归休乎君，予无所用天下为！庖人虽不治庖，尸祝不越樽俎而代之矣！"

肩吾问于连叔曰："吾闻言于接舆，大而无当，往而不反。吾惊怖其言。犹河汉而无极也；大有迳庭，不近人情焉。"

连叔曰："其言谓何哉？"曰："藐姑射之山，有神人居焉。肌肤若冰雪，淖(chuò)约若处子，不食五谷，吸风饮露，乘云气，御飞龙，而游乎四海之外；其神凝，使物不疵疠(cī lì)而年谷熟。吾以是狂而不信也。"

连叔曰："然。瞽者无以与乎文章之观，聋者无以与乎钟鼓之声。岂唯形骸有聋盲哉？夫知亦有之！是其言也犹时女也。之人也，之德也，将旁礴万物以为一，世蕲乎乱，孰弊弊焉以天下为事！之人也，物莫之伤：大浸稽天而不溺，大旱金石流、土山焦而不热。是其尘垢秕穬将犹陶铸尧舜者也，孰肯以物为事？"

宋人资章甫而适诸越，越人断发文身，无所用之。尧治天下之民，平海内之政，往见四子藐姑射之山，汾水之阳，窅(qù)然丧其天下焉。

惠子谓庄子曰："魏王贻我大瓠之种，我树之成，而实五石。以盛水浆，其坚不能自举也。剖之以为瓢，则瓠落无所容。非不呺(xiāo)然大也，吾为其无用而掊(pǒu)之。"

庄子曰："夫子固拙于用大矣。宋人有善为不龟手之药者，世世以洴澼絖(píng pì kuàng)为事。客闻之，请买其方百金。聚族而谋曰：'我世世为洴澼絖，不过数金，今一朝而鬻(yù)技百金，请与之。'客得之，以说吴王。越有难，吴王使之将，冬，与越人水战，大败越人。裂地而封之。能不龟手一也，或以封，或不免于洴澼絖，则所用之异也。今子有五石之瓠，何不虑以为大樽，而浮于江湖，而忧其瓠落无所容？则夫子犹有蓬之心也夫！"

惠子谓庄子曰："吾有大树，人谓之樗 (chū)。其大本拥肿而不中绳墨，其小枝卷曲而不中规矩，立之涂，匠人不顾。今子之言大而无用，众所同去也。"

庄子曰："子独不见狸狌乎？卑身而伏，以候敖者；东西跳梁，不辟高下；中于机辟，死于罔罟 (wǎng gǔ)。今夫斄 (lí) 牛，其大若垂天之云。此能为大矣，而不能执鼠。今子有大树，患其无用，何不树之于无何有之乡，广莫之野，彷徨乎无为其侧，逍遥乎寝卧其下。不夭斤斧，物无害者，无所可用，安所困苦哉！"

费勇

八风吹不动：
《十地经·不动品》
在日常生活里的运用

不动的念头，意味着快乐的时候，
你并没有快乐的概念，你不过在享受一种感觉；
不动的念头，意味着痛苦的时候，
你并没有痛苦的概念，你不过在经历一种感觉。

《金刚经》里佛陀对须菩提说："须菩提，忍辱波罗蜜，如来说非忍辱波罗蜜，是名忍辱波罗蜜。何以故？须菩提，如我昔为歌利王割截身体，我于尔时无我相、无人相、无众生相、无寿者相。何以故？我于往昔节节肢解时，若有我相、人相、众生相、寿者相，应生嗔恨。"这段话里有一个故事，说是佛陀在歌利王时代是一个在林中修行的人，有一天，歌利王带着一群妃子到林中游玩，妃子们被修行者的气度吸引，纷纷走到他的身旁。结果，引起歌利王的不满，用刀把修行者的身体一点点地割截下来。修行者并没有痛苦地嚎叫，而是很平静地接受肢解。最后，身体又复原；令歌利王大为惊讶，皈依了这个修行者。

这让我想起另一则故事，中国宋代的。有一位道林禅师，住在树上。当时在杭州做刺史的白居易看到了，就关切地说："师傅您住的地方太危险了。"道林回答："刺史您住的地方比我危险多了。"白居易疑惑："弟子做官，位镇江山，哪有什么危险呢？"道林就说："做官这件事，就像有柴火在下面熊熊燃烧，心识不停地受影响而变化，难道不危险吗？"

道林禅师讲了一个道理，就是看起来危险的地方其实并不危险，看起来安全的地方其实并不安全。危险不危险，安全不安全，并不是外在的环境决定的，而是内在的心境决定的。如果心境不为外境所动，那么，无论多么危险的情况，都不会构成危险。佛陀说的关于歌利王的故事，就是一个非常极端的例子。有人要杀掉你，这是多么危险的事情，但是，如果你的内心完全没有了分别心，完全没有了对于自我的执念，面对锋利的刀刃，完全不觉得可怕，安住在平静之中。那么，危险的事情对于你并不危险。相反，如果你满是分别心，满是贪嗔痴的念头，那么，就算你住在很富丽堂皇的地方，也是非常非常的危险。所以，外境并不重要，并不是我们所要寻求的，重要的是：一切的外境都不能扰乱心的境地。换一种说法，征服外在的环境没有什么了不起，真正了不起的是征服、调御自己的心。世间的国王不过孩子的幼稚游戏，心灵的国王才是神圣的伟业。

面对外境，心如何不动？佛教里有一种方法叫"忍辱"。这个忍字，在佛教里非常重要，是佛教对付外在环境的一个基本方法。有三种忍，一是耐怨害忍：别人以怨憎毒害加于自己，能够安心忍耐而没有一点报复的念头，相当于"忍辱"的"忍"，是对嗔恨怨怼的逆缘而言；二是安受苦忍：遇到疾病以及各种自然现象比如炎热、寒冷等引起的痛苦，能安心忍受并不以为苦，相当于"忍受"的"忍"，是对痛苦觉受的逆缘而言；三是谛察法忍：明白了宇宙万物的真如实相，对于一切的假象和妄念安然不动，相当于"忍可"的"忍"，是对起无明、邪见的顺逆诸缘而言。

《十地品》里说："大慈大悲不舍众生，入无量智道，入一切法本来无生，无起，无相，无成，无坏，无尽，无转，无性为性，初中后际皆悉平等，无分别如如智之所入处，离一切心意识分别想，无所取著，犹如虚空，入一切法如虚空性，是名得无生法忍。"这段话的大意是，菩萨明白了不生不灭的道理，就可以安忍世间的一切，叫作无生法忍。这个无生法忍，就是上面说的谛察法忍。这个忍，是最最重要的，做到了这个忍，就可以做到前面所说的耐怨害忍和安受苦忍。理解了这个忍，就会明白佛教里的忍，并非一般人理解的是软弱，是无奈；恰恰相反，佛教的忍，是大智慧，是大勇猛，真正的含义是：因为明白了真理，明白了自己所要抵达的目的地，明白了自己真正要做的是什么，所以，不论外界的境况如何扰乱，都不能动摇自己的本心。

因为无我相、人相、众生相、寿者相，所以，对于歌利王割截身体不仅可以忍受，而且可以没有嗔恨。显然，佛陀所说的，并非神通故事，而是一个譬喻，意思是如果达到了没有分别心，达到了无相，那么，不论外境怎么样，不论外在的力量对你施加什么，你都不会有所动摇。这就是佛教的忍。一个觉悟者不论面对如何难忍之事，都能够忍受。哪怕身体被杀戮，因为明白无相的道理，也不会执着于痛的感觉，因为勘破了生死的大关，也就不会惧怕。这是忍的念头，也可以说是"不动"的念头，就是如如不动。因为安住在本来的样子里，所以不动。

希望在变化无常的人世里有安稳的人生，要有"不动"的念头。生活里的千变万化，要有不动的念头来应对。

世界变化得太快。技术在变化，人际关系在变化，社会环境在变化……各种各样的变化，就像风从各个方向吹来，吹得你晕头转向。有一句话叫"八风吹不动"，什么叫"八风"呢？《吕氏春秋·有始》："何谓八风？东北曰炎风，东方曰滔风，东南曰薰风，南方曰巨风，西南曰凄风，西方曰飚风，西北曰厉风，北方曰寒风。"各种各样的风会引起你不同的感觉，每一种感觉都会带你走到一个方向。常常在凌乱的风里，人生的道路也凌乱成到处飘零的落叶。

因此，需要有不动的念头，来应对世间的风，让自己在风中保持合适的姿势，保持自己的方向。

不动，并非一动不动，而是面对各种外境，能够不受干扰，不受诱惑。《坛经》里说："若见真不动，动上有不动。"意思是真正的不动，并非像死寂的生命那样一动不动，而是善于明白一切分别的现象，而在最终的层面上做到不动，意思是既能分别各种现象又没有分别心地看待它们，是动而不动。这是"不动"念头的真正含义。而对于一般人来说，能够做到不受外界环境的支配，就已经算是不动的念头了。

那么，如何做到不动的念头呢？

成了，不过一种经历

再倒霉的人，也有成功的时候。做一件事，做成了，很好，很高兴，这很正常；不正常的是：做一件事，做成了，以为多么了不得，以为从此幸福无比，于是，很得意，很猖狂，很放纵；于是，做成了一件事，却种下了痛苦的因子。得意之后，是悲哀的开始。谋划着要赚 10 万元，赚到了，很好，很高兴，但很明白，这不过是一种经历，一个环节；很明白自己要去到什么地方，所以，不会得意，更不会忘形。做成了一件事，做成了，就放下了，就继续行走，继续在达成的道路上。

追到了一个女孩子，很好，很高兴，但是，也很明白，这不过一个开始，激情之后是漫长的日常生活。做成了一件事，但并不觉得是终点。因为明白自己要去到什么地方。做成了一件事，很平常地看待它，没有成功的念头。不过是一种经历罢了，不过是一种成了的经历。因为觉得不过是一种经历，所以，不论得到的，是世间多大的成功，都只是平常，平常的喜乐；因为明白一切的一切，都是自己曾经种下的因，现在终于显现，终于结束。新的开始，新的种子开始撒落。此刻以及未来，决定于此刻的念头和行为。因此，保持平静，让生活继续在平静里继续下去。

成了，不过是得到了。很多时候，得到什么，并不是什么有意义的事情，相反，可能把你引向歧路。得到的时候，想一想：这是我自己想要的吗？这就是不动的念头。一般人不容易做到，得到的时候，不论得到什么，总是高兴。这是无数时劫形成的习气：喜欢得到，喜欢拥有。以我自己的经验，得到有时是一种严重的障碍。25 岁那年，我就已经清楚自己想要什么，清楚自己活着的意义，也有明确的目标，也知道怎样入手去做。唯一不幸的是，我几次遇到好运，在某个时间点上，突然降临一个奇怪的机会，让我去担任一个什么职位。心里清楚这不是我想要的，但是，虚荣心会驱使我去接受，抱着试一试的心态去接受，然后，就会陷于那个职位所要求的生活气息里。

然后，会走上一段歧路。几乎要用很长的一段时间，才能回到原点。有些人可能永远回不去了。所以，当我们为着什么努力的时候，当社会给予我们什么机会的时候，我们确实要问问自己：这是我想要的吗？

败了，不过一种经历

再成功的人也有倒霉的时候。做一件事，失败了，很沮丧，很懊恼，很低落，这很正常；不正常的是：做一件事，失败了，以为世界末日到了，以为从此彻底完蛋，于是，很沉沦，很自卑，很消极；于是，失败了一件事，却毁灭了一个世界。失败之后，是堕落的开始。谋划着要赚 10 万元钱，只赚了 1 万元或者赔了 1 万元，很懊恼，很失意，但很明白，这不过是一种经历，不过是一个环节；很明白自己要去到什么地方，所以，不会沉沦，不会低落。做一件事，失败了，就失败了，放下，继续行走，继续在达成的路上。

追一个女孩子没有追上，很难过，很沮丧，但是，也很明白，这不过是一个结束，碰壁之后转过身是新的道路。做一件事，失败了，并不觉得完蛋了。因为明白自己想要的是什么，明白仅仅自己想要的仍是不够，还要自己合适的。没有做成，说明不合适，说明因缘未到，那么，很平常地看待它，没有失败的念头。不过是一种经历罢了，不过是一种败了的经验罢了。因为觉得不过是经历，所以，不论遇到的，是世间多大的挫败，都只是平常，平常的喜乐。是的，即使遇到挫折，遇到不幸，遇到失意，也平静地面对，只是喜乐；因为明白一切的一切，都是自己曾经种下的因，现在终于显现，终于结束。新的开始，新的种子开始撒落。此刻以及未来，决定于此刻的念头和行为。因此，保持平静，让生活继续在平静里继续下去。

败了，无非是失去，失去了什么。失去了什么，其实并没有什么，不过让背负的东西更少而已。得到，不过背负更多的东西而已。失去了什么，其实并没有什么，就算你得到了，最终也会失去。

听到赞美，只是一笑

好像是袁枚讲的故事。说是学生升了官，向老师辞行。老师告诫他人在仕途一切小心。学生说不怕，因为他已准备了 100 顶高帽子，逢人就送。老师正色："我们读书人怎么能这样？"学生回答："可惜天下像老师这样高风亮节的又有几人？"老师点头："那倒是。"学生出门后对人说："100 顶高帽子剩 99 顶了。"

别人赞美我们的时候，往往欣然接受，不觉得有什么受之有愧。久而久之，就会飘飘然，以为自己真的有什么了不起的才华或者有什么高尚的品德，让人赞美。当别人当着我们的面赞美的时候，要想一想：他为什么要称赞我？这一问，就是不动的念头，心念不会随着别人的赞美而飘忽，还在自己身上。是的，别人为什么要赞美我呢？很多时候，人们因为你的权力而赞美你；很多时候，人们对你的赞美，并非赞美，而是阿谀。所以，对于别人的恭维，要保持足够的警惕。

很多人，尤其是拥有一定权力的人，经常在赞美的气氛里迷失了。因为具有一定的权力，就形成了一个圈子。这个圈子因为利益而形成，每天的功课就是取悦上层。这确实是一个考验，很少人能够明白这不过是一种利益的游戏，当你失去了权力，那么，一切的赞美都可能变成冷漠，甚至攻击。这在中国

的日常里，每天在上演，不过很少人觉悟。很多人还是沉溺在虚妄的阿谀氛

围里，享受着虚妄的赞美和尊敬。

听到批评，好好想一想

有人当面批评你，当面顶撞你，当然，你会不高兴，但是，仔细想想，当面批评你的人也许并不可怕，可怕的也许是那些当面总是奉承你的人。当面批评你，也许言辞激烈，也许是恶毒的谩骂，但至少这是公开的，不是隐藏的。所以，没有什么大不了。当然，人的通性是希望得到肯定。我们计划做一件什么事，会和朋友商量，但往往我们已经有了想法，如果别人否定我们的想法，我们就会失望。我们拿着自己的什么作品送给朋友去指正，如果朋友直率地指出有什么不足，我们会很沮丧。实际上，我们口头上说希望得到批评，但心里是想得到肯定。一般人明白这样的心理，所以，对于别人要作当面评价的时候，常常出于礼貌而表示认同。如果你把这种认同当作了真正的欣赏，那么，你就活在一个虚假的世界里。这个世界里多的是虚假的赞美，少的是真挚的分析与批评，因此，当有人愿意当面批评你的时候，要把它看作是一个珍贵的机会。

正好利用这样一个机会，好好反省自己的言行。听到批评，不妨一笑置之，一笑之后不妨好好想一想：我真的像批评的那样吗？如果是真的，那么，即刻起就改变它；如果是假的，那么，就算是一个提醒。当批评发生的时候，不要有愤怒的念头，不要有敌对的意念，要用游戏的态度去对待它。

听到好评，只是一笑

当面的赞美，也许是虚假的，但是，背后的赞扬，基本是真的，是一种口碑。有好的口碑，不免喜悦，说明自己得到了别人的认可。得到了认可，喜悦是自然的。但是，一个智慧的人，对于这种口碑式的好评也会保持冷静。第一，这种口碑是虚幻的，一方面固然是你的行为造成别人心里的好印象，另一方面别人不过随口一说，并非什么大不了的事情。第二，口碑式的东西是别人在背后说你，真正的情况如何，你永远不知道，你知道的不过是别人的转述，别人的转述有时候是当面的奉承，并不真实。经常有人对我说，啊呀，你在我们学校或其他人眼里很有名啊，很多人崇拜你。我很清楚，他们这样对我说，不过是讨我的喜欢。

所以，当你听说有人在背后称赞你，抱着游戏的态度，抱着姑妄听之的态度，如果你当真，真的以为你有着多么高的名望，那么，接下来你一定会一个失望接着一个失望。就算你是超级巨星，就算你是多么了不起的创业家，就算你是多么伟大的运动员，不要忘了，就算有很多的人在膜拜你，一定还会有很多人不把你当回事，一定还会有很多人不喜欢你。更不要忘了，当别人在背后赞美你、崇拜你的时候，往往他们赞美的或崇拜的，是他们心目中的你。你是个什么样的人呢？值得那种赞美吗？你自己应该很清楚。面对所谓的好的口碑，不要把好口碑里的自己真的当作了自己，而是很明白地把自己看作是自己，就是不动的念头。

听到诋毁，好好想一想

当面的批评，甚至谩骂，虽然令人不悦，但毕竟是当面，至少可以理解为直率；背后的诋毁，更容易让人愤怒。我没有招惹他们啊，怎么在背后说我的坏话呢？这是一般的反应。然后，就会埋下嗔恨的种子，彼此间的关系开始撕裂。如果是很多人在说，好像一个无名的集团在说，就会对社会产生强烈不满。为什么要说我的坏话？为什么？是的，应该问一下为什么。别人在背后说自己的坏话，总有原因。什么原因呢？也许是别人自己的原因。但别人我们管不了，不如从自己找原因。

有人在背后说自己不好，总有原因；如果是很多人说自己不好，那就更加有什么原因了。一定是起因于自己的行为。所谓无风不起浪，即使别人是诋毁，总是有一个自己的什么行为引起，所以，知道别人在背后诋毁自己，就算愤怒，也要在愤怒之后好好想一想。把别人的诋毁看作一个机会，一个清理自己行为的机会。如果你对自己的行为有足够的了解，对于自己有足够的了解，那么，别人的诋毁只是在诋毁别人心目中的那个你，并非真正的你。你清楚自己是谁，所以，诋毁并不能打击你。

诋毁，或者称赞，都不过是一种幻象，都是别人根据自己的经验附加在你身上的东西，不妨用游戏的态度去看待。听到别人的赞美，好像是在赞美另一

个人，那不是你；听到别人的诋毁，好像是在诋毁另一个人，那不是你。听
到别人在赞美你，要明白同时一定有人在诋毁你；听到别人在攻击你，要明
白同时一定有人在赞扬你。这就是不动的念头。

很痛苦，不过一种感觉

佛说，苦是一个真相。有多少种苦？佛说有八苦：生苦、老苦、病苦、死苦、怨憎会苦、爱别离苦、求不得苦及五取蕴苦。

生苦，是出生时候的痛苦，我们大抵记不得了，但从母胎慢慢生长到最后离开母胎来到这个世间，是一个充满痛楚的过程。老苦，是时间带来的痛苦，一旦来到世间，就在时间的流逝里慢慢衰老，多美的容颜也无法留住，多好的相象也终有散场。病苦，是疾病带来的痛苦，即使佛陀也会生病，只要是人身，就会生病，病就会有身体的痛楚。死苦，是死亡引起的痛苦。怨憎会苦，是不得不和不喜欢甚至相互仇恨的人在一起，比如同事，比如冤家而成为夫妻，又比如父子或母子，互相厌恶却又无法分开。爱别离苦，是不得不和喜欢或相爱的人分开。求不得苦，是有所求却不能得到。五取蕴苦，是执着于五蕴带来的感觉上的痛苦。

这八苦，几乎涵盖了生命过程中所有的苦的经验。这些经验，你无法逃避，只能承受。当牙痛的时候，当然很痛；当遇到风雪的时候，会觉得很冷；痛楚、寒冷，都是一种感觉，并不能消除，但你可以改变心念，把自己当作第三者那样去观察那种痛楚，那种寒冷。这就是不动的念头。你并不能消除它们，但你可以做到不被它们所淹没。你感受到了痛楚或寒冷，但你知道那不过是一种感觉，一种来自神经系统的感觉，如果没有神经系统，它们就不存在了。并非真实的东西，不过一种感觉。

不得不与讨厌的同事相处，又无法离开，又不能改变他，那么，只能改变自己的心念，换一种心态去看待他。讨厌不过是一种感觉，一种来自自身的感觉。如果自己的心态是喜欢，那么，见到人也是喜欢。这就是不动的念头。遇到讨厌的事情，并不觉得讨厌，而是很平静地面对、接受。别人的讨厌、环境的讨厌，都不是你自身的问题，何必在意？何必让那些讨厌的人事牵扯着你，让你也成为一个讨厌的人？反过来，用你不动的念头把人事的讨厌转化成一种平常的感觉。不过是一种感觉。不妨把那个讨厌的人看作一块石头或一棵小草。一块石头，一棵小草，见到了就见到了，见到了就过去了，无所谓喜欢，也无所谓讨厌。

其实，没有人，当然也没有石头或小草能够让你痛苦。那个让你痛苦的人，永远是你自己。不幸的是我们很多人在痛苦的时候，唯一想到的是别人或别的什么给了我们痛苦，所以，很费力地想去改变别人或别的东西。于是，苦就真正成为一种苦。想一想，很炎热的时候，你能够让天气改变成凉爽吗？不能。你能够改变的，只是你对于炎热的心态。这其实并不难，难的是我们想不到。

很快乐，不过一种感觉

人生很苦，人生也很快乐。苦的时候，我们容易消沉，容易放弃。所以，苦的时候要有不动的念头，保持一颗坚忍的心。快乐的时候，我们容易迷失，容易贪婪，所以，快乐的时候要有不动的念头，保持一颗沉静的心。很快乐，那就好好享受，但是明白快乐会消失，不过是一种感觉。

高兴的时候，让你不要高兴，那很残酷，也很滑稽。比如有人在青春年少的季节第一次相爱第一次接吻，很激动的时刻。如果那个时刻你要他一动不动，那个时刻你要他去思考青春会消失人会死亡，因此不值得贪恋此时的爱火，要保持平静，那很荒谬。快乐的时候，要有不动的念头，并非指你不能享受快乐。所谓不动的念头，是你可以享受快乐的感觉，但你知道这不过是一种感觉，一种和苦相对的感觉，那么，你在享受快乐，同时，你又好像在看着另一个人在享受着快乐。你在享受快乐，但不指望一直享受下去，明白时间会带走一切，明白一切的相聚带来一次又一次的散场。

快乐本身没有害处，有害的只是我们对于快乐的沉溺；快乐本身很健康，病态的只是我们一直追求快乐。苦本身并没有攻击性，有攻击性的恰恰是我们对于痛苦的逃避甚或反抗；逃避或反抗，加剧了苦的感受。不动的念头，意味着快乐的时候，你并没有快乐的概念，你不过在享受一种感觉；不动的念头，意味着痛苦的时候，你并没有痛苦的概念，你不过在经历一种感觉。

外境有千千万万，心境也有千千万万，归纳起来，无非顺境和逆境，无非是满意与不满。《行宗记》："利衰、毁誉、称饥、苦乐，四顺四违，能动物情，名曰八风。"据《释氏要览·躁静》下："得可意事名利，失可意事名衰；背后排拔为毁，背后赞美为誉；当前赞美为称，当前排拔为讥；逼迫身心为苦，悦适心意名乐。"顺境的时候，心情也跟着顺畅；逆境的时候，心情也跟着低落。

听到好的消息，会很兴奋；听到坏的消息，会很丧气。我们每天的生活，就在好与坏、快乐与悲哀、希望与绝望之类的情绪里交替。那些算命先生见到你，只要观察你几分钟，就能看出你的人生状态。你的情绪，都写在脸上了。而这些情绪，并非你本身具有的，而是外界的变化引起的。外界的变化和你有什么关系呢？为什么要跟着动荡呢？所以，佛教里有一个说法：八风吹不动。意思是外境千千万万，而你的心境只有一种，只有你自己的心境。外境如何变动，你的心境都不会随着变动，你的心境就在你自己的心里。

做到这种境界听起来很难，确实，做起来也真的不容易。《十地经》说，不动地，也叫无功用地，是因为先前已经有所成就的缘故。又说，比如大船驶进大海，在没有到达之前要做很多努力，但在到达以后，就不用再做什么，只要随风而去。这就叫不动。这个不动，并非不动，而是在之前已经有过很多修炼、很多的动，动之后，有不动。所以不动的念头，不是一个独立单一的念头，而是和其他念头构成关联，关联之后，才有不动的境界。要有不动的境界，根本上要有落实的念头作支撑。有了明确的活着的意义，有了明确的目标，有了明确的行动，有了明确的切入点，那么，无论八风怎么吹，你都不会受到什么影响，因为你清楚你想要什么，清楚你能够做到什么，清除能够去到什么地方，清楚你适合做什么。

不论外境怎么样，你活在自己的世界里，活在你能够控制的世界里。算命先生看到你，会不知道说什么好，因为从你的脸上看不出什么情绪。如果有情绪的话，只有一种：安定。因为你清楚自己的一切，所以，很安定。就算外界将临末日，又有什么关系？你还是朝着你的方向前行，不会有丝毫动摇。也许会改变行走的方法，甚至道路，但不会改变目标，也不会改变方向。这就是不动的念头。

等了很久，终于忍耐不住而放弃，几分钟，甚至几秒钟后，你所等待的就出现了。就差那么一点点，你最终的放弃让长久的等待变成了完全的徒劳。这是我们生活中常有的经验，小到等公共汽车，大到做一笔大买卖、做一项实验，等等。黄昏里年老的爱侣相互扶持，那种相濡以沫的默契让人神往，但是，这里积淀着几十年的辛苦，情爱在忍耐里结出了醇厚的果实。舞台上的主角风光得意，但这一刻的繁华之前，曾忍耐着长长的寂寞与艰难。

一些人总是浮在生活的表面，他们把顺应潮流、敏锐与浮躁混为一谈。他们不明白自己这一生真正需要什么，今天做这个，明天做那个，今年来这儿，明年又去那儿，跳来跳去，不断地有新鲜的刺激，仿佛充满着弄潮的浪漫与激越，然而，永远没有自己的位置。

另一些人顺应潮流，敏锐地捕捉到环境的变化，但他们始终明白自己这一生需要的是什么。顺应环境，他们不断地改变自己的策略，然而，永远不变的是自己的志向与理想。假如他迷恋写作，那么，在电脑时代，他不会坚持使用毛笔或钢笔，他会迅速地学会使用电脑，迅速地学会用新媒体来表达自己。无论他的手段怎么变，都来自他内在的立足点。

浮躁只不过是由于对自己缺乏真正的把握，同时，对成功过于急躁，希望像中彩票那样，骤然间大发横财。想当大官，但不愿做办事员；想当作家，但不愿一字一句地爬格子；想当明星，但不愿天天早起练习嗓子。于是，不断地改变着自己的环境，但环境又怎能为自己带来真正的成功？

老同学相聚，十几年的沧桑把一张张年少的脸铸成风与霜。蓦然回首，才惊觉，那些跳来跳去的，终究无所收获，那些苦苦相守的，曾经暗淡，曾经风雨，却始终充实，终究有所获得。

坚持着做完一件事，你毕竟达到了一种完成。什么都浅尝辄止，你就永远在门外，永远是局外人，永远无法体验到生命真正的律动。你必须去做，并且，坚持着去完成。在完成中，足以抵消曾经遭遇的所有苦厄。

堆一座山，只要再加一筐土就能成功，但停止了，那是我自己停止的；平整土地，虽然只倒下一筐土，但立志前进，这是我自己要前进的。《易经》告诫我们：不彻底地保持德操，总会招致羞辱。孔子解释说，这是没有恒心的人，不必去占卜了。他的意思是，无论占卜的结果如何，对于没有恒心的人，其实只有一种可能：失败。没有恒心，就是心总在动摇之中。而一个人，只有你的心是不动的，你的生活才安稳。

关于不动，《十地经》里还有一个很彻底的说法：所谓不动，就是完全停止了造业。在因果的念头里，我们已经讨论过业的问题，这是佛教的观念，也是现代心理学经常借用的观念。停止造业，就是受到环境的触动，会有自然的反应，但是，不再升起妄念。不动的，是妄念，这是一个根本。明白这个根本，往往需要很长的时间，明白了，也就不再妄动了，住于不动地。停止造业，就是停止妄念。

停止妄念，就超越了快乐或悲哀。而用世俗的眼光看，停止了妄念，就会一直快乐。快乐的人之所以永远快乐，并不是因为他的生活特别平顺，而是因为他以坦然、愉快的心境去看待人生的一切，以及他自己遭遇的一切；悲哀的人之所以总是悲哀，并不因为他的生活特别坎坷，而是因为他习惯于以阴暗、挑剔的眼光去对待人世的一切，以及他自己遭遇的一切。

快乐的人对于人生取了一种看风景的姿态，自在从容；悲哀的人对于人生取了一种长跑比赛的姿势，执着劳碌。将人世的一切视作风景，便有忘我的神韵，一切只是花开花落、早晨黄昏、风吹柳絮、雁过天际，顺其自然而已；将生活看成是一场竞赛，便有强烈的自我意识，一切的斤两都要去计较，一切的不如意都要转化成对他人的怨恨、猜疑。

不妨自问：为什么要把生活弄得那么疲累不堪？很喜欢俞平伯先生一篇文章的题目："人生不过如此"。确实，人生就是这个样子，你活着，平平淡淡但要活得津津有味。没有人能够剥夺你享受生活的权利，因为生命是你自己拥有的。明达的人，哪怕是在牢狱之中，仍能活出一番情趣，只要他不想自杀。

生活本来就是由一连串的琐事构成，我们的生命必须时时加以忍耐，才能得以延续。但是，如果我们以欣赏湖泊山川的情怀去注视尘世中的是是非非，以仰望星空时的胸襟去处理生活中的形形色色，那么，琐碎的生活不就有了诗意般的安适？让我们像蜜蜂酿造蜂蜜一样，将日常生活酿成一片又一片的风景。

汪 民 安

手 ， 书 写 和 激 情
关 于 龚 剑 的 绘 画

要 揭 露 的 真 正 的 隐 匿 之 物 ， 是 绘 画 的 过 程 ，
而 不 是 画 面 的 意 义 。
或 许 这 样 说 更 为 恰 当 ：
画 面 的 意 义 ， 恰 恰 就 是 这 画 面 的 形 成 过 程 本 身 。

关于龚剑的绘画

如何在画布上全力以赴地耗尽形象，将形象完全掏空？抽象画正是在这里出现了分歧。人们大体上可以区分出两种路径：一种是有计划地摆脱形象的要求：将每条线、每个点、每个色块从轮廓的要求中解脱出来，它们既不图绘任何对象，也不被任何对象所框定，这是单纯的线、单纯的点、单纯的色块，它们只有绘制，没有表意；只有轨迹，没有构图；只有单纯的延伸，没有可以追逐和向往的终点（除非画框的终点）；只有线、点和色块的自我闪烁，而毫无图像的完成意志。人们在这种抽象画中看到了冷静、耐心和计算。这是蒙德里安的方式，它有强烈的制作色彩，它不仅刻意清除图像，还刻意清除情感。与此相反，另一种抽象画的方式是：人们以一种强烈的激情去冲破图像的轮廓。在这些画布上，每根线、每个色块、每个点都肆无忌惮地流动，它们来不及整理自身，来不及被轮廓和图像所框定就摧毁了这些轮廓和图像。线和色块是激情的无边际的泛滥踪迹。一种无目标的力量在宣泄，画布就是这混乱之力的载体和目标。在此，人们无论是用什么在画布上涂抹，甚至无论是不是在画布上涂抹，都改变不了这些作品的力的释放特征。这是一种偶发的任意绘画，一种超现实主义式的自动绘画。感觉的逻辑而不是理性的逻辑在主宰着这一切。人们马上会想到，这是波洛克的方式。

将画布上的形象完全摧毁，要么处在一种激情爆发的时刻，要么处在一种冷静的状态；要么非常偶发，要么非常具有计划性；要么处在一种不可预知的状态，要么被理性所严密地掌控。人们看到，抽象画总是在这两个极端之间徘徊，在波洛克和蒙德里安之间徘徊。对于前者而言，画面是身体性的，取决于此时此刻的激情，谁也不知道画面将出现什么样的结果；对于后者而言，画面是盘算好的，人们甚至可以预测到即将出现的画面是什么样的。这两类抽象画在中国有大量的追随者。但龚剑的抽象画，并不栖身在这两个类型之中，他事前并不知道绘画的结果，他没有按照理性的规划去组织他的画面，也就是说，他并不是在制作绘画。但是，他也不是偶发的，不是一种无意识的乱抹，他受制于某种规范。他和这两者都不一样。龚剑的方式是，他在画面上反复地写一个汉字，在画面上成百上千次地写同一个字，直至将整个画布涂满为止。

显然，龚剑将书写引入到绘画之中。书写在这里有双重特征：它既是对一个汉字的铭记，让这个汉字现身，同时，它也是一幅画作的完成手段，是一种特殊的绘画技术。它同时隶属于书写和绘画这两个范畴。也就是说，它的每一笔画，既是在书写，同时也是在画画。它同时背负了这两个使命。作为书写的笔画，它是高度规范化的——汉字有一个漫长而悠久的笔画体制，书写的每一笔都要臣服于这一个字的体制。更准确地说，都要臣服于一个强大的文化体制。就此而言，画面中的每一笔都是被动性的，它被字的逻辑所顽固地束缚。但是，作为绘画的笔画，它又是主动性的，每写下一笔，都是对一幅画的生成。一幅画就是在这样的反复的书写中"创造"出来的。"笔画"因此就具有被动和主动的双重特征。而且，汉字的书写是一种后天的教化结果，因为反复的有意训练而变成了一种无意识的身体本能。人们可以不假思索地书写，可以自动地书写，但并不脱离一个规范。这类似于布尔迪厄所说的"习性"：它既是有意识的，也是无意识的。因此，这每一笔，既是身体性的，也是理性的；既是本能的，也是控制的。

这就和单纯的绘画线条——无论是直线还是曲线——都不一样。对绘画的线条而言，它们要么是自主性的，脱离了任何的轮廓要求；要么是表现性的，被画出来就是为了服从某种某个特定图像的表达要求。绘画的线条，是在图像和反图像之间来回振荡。龚剑的书写线条避开了这个抉择，它的基本目标不是图像，而是书写，或者说，它的目标首先是汉字，其次才是图像。因为有汉字体制的庇护，它不需要将自己锁定在图像的范畴中。它的方式是，先将自己躲避在书写的体制之下从而获得自身的合法性，然后又随意地——甚至是偶发地——生成画面。在此，每一个字的写法都是确定的，每一笔都是规范化的，但是，每个字的排列、部署、配置又是任意而杂乱无章的。这是一种被动和主动、必然和偶然之间的绘画游戏。它的被动性，使它不受激情的宰制；它的主动性，使它不受理性的宰制。这就使它摆脱了抽象画的激情和理性这两种模式。龚剑似乎一方面将绘画交给了规范——他总是按照书写的方式来组织和设计他最细小的画面元素；另一方面，他似乎将绘画交给了任意性——这些字词的排列组合是随意的，它们杂乱无章地拼贴、叠加、覆盖、交错、堆砌——可以在画布上放肆地乱写。一个字诞生了，但这也意味着，先前的一个字毁灭了；一个字出场了，这也意味着，另外一个字湮没了。一个字被它自身的复现所扰乱。就此，书写在不断地毁灭书写，字词在不断地湮没字词，但正是在这不停的扰乱中，正是在这书写和对书写的湮没轮回中，一幅绘画诞生了。绘画就诞生在字词的在场和缺席、显现和抹擦这不间断的运动游戏之中。

绘画由此变成了一种手的书写运动，这可以解释龚剑为什么要选择动词作为他的书写对象。事实上，这些动词只是运动的表意符号，它们只是对动作的意指，它们本身不过是死的符号——字本身并不能运动。它们只能通过书写而运动。但是，在这里，这些动词似乎真的在运动，它们不仅是对运动表意，而且，它们本身就在运动，似乎动词只以运动的方式存在和现身。手及其运动，就此不断地覆盖了画面，从画布的一个区域到另一个区域，它逐渐地将画布的空白部分覆盖，直至所有的汉字被完全湮没而无法辨认为止，直至整个画面饱和到无法再饱和为止。绘画的过程，根本不需要艺术家在画画的时候让自己频繁地远离画布从而准确地在画布上勾绘形象，不用让画家的眼睛去细细地盯着画布，画面完全是手的运动痕迹，就此，画布的存在目标不是视觉，而是手的运动，画布是作为手的对象而存在。手在画布上不停地运动，重复性地运动，让画布成为它的载体，就此，"不是内在的视觉给人无穷的感觉，而是一种从画面的一边到另一边'全面覆盖的'手的能量的延伸与扩展"。绘画就此失去了它古典意义上的三维空间，抹掉了它的深度、轮廓、色彩所构建的意义空间。画面是手的生成过程——但这种生成不是服从一种形象目标，而是服从于重复性的书写目标。画面就是为这种手的重复性书写而设置的，因此，它不是为视觉而设置——不论是艺术家的视觉，还是观众的视觉；无论是创造的视觉，还是接受的视觉——这样的绘画在某种程度上就将自己从观看神话中解脱出来。绘画大胆地抛弃了眼睛，而信赖手的运动。它将自己确立为一种手的劳作，而不是耐心构建的视觉对象。画面的最终形态既是一种偶然命运——它在什么地方终止和完成取决于感觉、耐性甚至体力，同时，它也是可以预料的：它就是一片混沌，一片汉字湮没汉字的混沌。如果人们非要去耐心地打量这些画的话，如果足够幸运，他们或许在一片混沌中能够看到手的抖动，这手在画面上的抖动节奏宛如声音在琴弦上的跳跃节奏。因此，人们不要试图在画面中寻觅什么隐藏的意义，人们甚至没有必要在这种抹掉了意义的画布面前踌躇不前。他们应该透过这幅画布，去追索这幅画的诞生过程。绘画，由此将自己从一种形象的确定转变为一种单纯的手的活动。或许，这就是抽象画的一般命运：一旦将形象毁灭、耗尽、抹掉，绘画的目标就不是最终的画面本身，而是生成这一画面的过程本身。要揭露的真正的隐匿之物，是绘画的过程，而不是画面的意义。或许这样说更为恰当：画面的意义，恰恰就是这画面的形成过程本身。就此，对理性的抽象画而言，人们要揭露它如何实施自己的冷静计划；对偶发的抽象画而言，人们要揭露它如何释放自己的激情和欲望；对龚剑这样的抽象画而言，人们在揭露它的理性的同时，还要揭露它的激情和爱欲。

关于龚剑

1978 年生于中国湖北，2001 年毕业于湖北美术学院油画系。现工作生活于武汉，2006 年曾获得 CCAA 中国当代艺术奖提名。

主要个展

"什么都不重要"（2012）；"你应该学会等待"（2009）；
"人民公园"（2008）；"不高兴"（2007）。

龚剑在早期作品中以戏谑的方式改编中国宣传画，以表达他荒诞美学式的政治和历史主题。龚剑在作品里把丙烯和油彩技法与社会主义初期的现实主义民间绘画风格以及早期政府宣传的艺术风格糅合如一，上述影响均呈现在他的笔法之中，其技术的娴熟诚然值得称道。龚剑的大胆用色带来刺激的视觉感受，吸引观众的眼球，并且栖居其上，成为讽刺社会时弊的弦外之音。(Robin Peckham)

钱 ｜布面油彩 ｜龚剑 ｜2010

沉默 ｜布面油彩 ｜龚剑 ｜2010

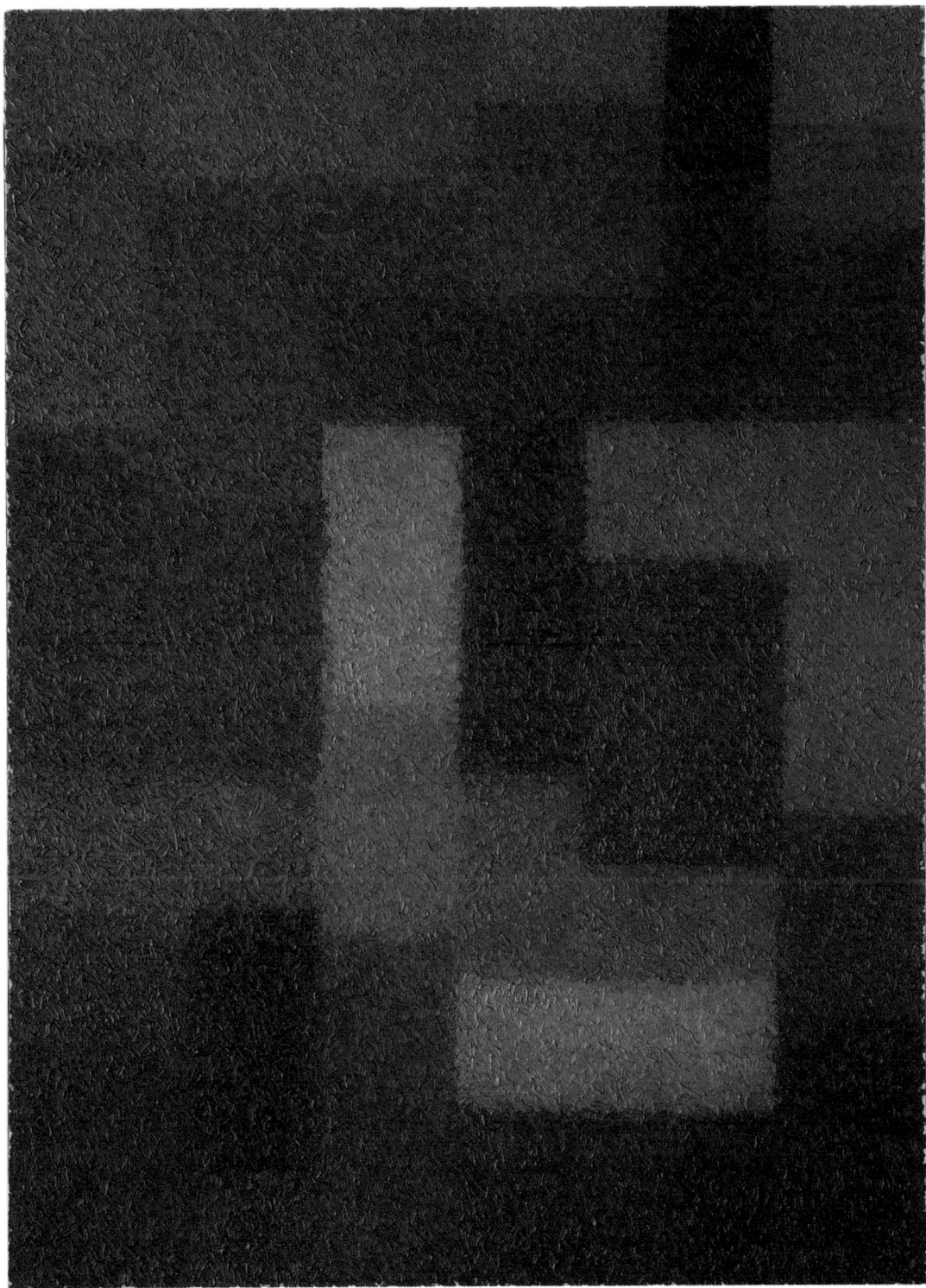

我爱你　|布面油彩　|龚剑　|2010

$\dfrac{3}{3}$

享受

百尝

我所见过的最美的花园

葡萄酒是无所依赖的，就好像情场老手一样，

知道在不同的杯子里面如何表现自己，

同样也知道在相同的杯子里如何呈现不同的面貌。

酒：三鞭者谁？

日本的葡萄酒研究专家神杉雅一写过一本《葡萄酒知识手册》，由日本梧桐书院出版，1999 年 5 月台北国际村文库书店出了它的中文版。

关于香槟，他这样说："香槟是指这个地方所生产的气泡酒。""这个地方"指的当然是法国的香槟区。而紧接下来："不管哪一个地方的葡萄酒，只要会产生气泡，都可以称为'香槟'。"

——看了这段话，你不以为那应该是一个美好的年代么？

以前一说开"香槟"，大家会马上放松心情，将指针调至轻松愉快的一刻，知道这会是享乐的时光。当然，开的酒可能产自西班牙、意大利，甚至澳洲，而且可能还不是葡萄酿制的，但是只要有气泡就足矣，重要的是从众一起开心快乐的时光，重要的是那"嘭"的一声响，重要的是举杯相碰的那一声清脆回音。

现在谁要说开一支"香槟"喝，稍具葡萄酒知识的人们肯定立马疑窦丛生，好像鲨鱼闻到受伤的鱼的气息围上来虎视眈眈，唯一兴奋的那人肯定是律师。"不管哪一个地方的葡萄酒，只要会产生气泡，都可以称为'香槟'。"现在谁要说出这话肯定会被人嘲笑，因为有识之士们都知道了 Champagne 的所指，乃高贵、尊荣的法国香槟产区的出品，只有法国这个叫作 Champagne 的地方出产的有气葡萄酒才能够称作 "Champagne"。

可是那话确实是有着 "葡萄酒研究专家" 头衔的日本葡萄酒作家神杉雅一写在其著作上的。当然，那是很久以前的人、很久以前的书，想来那应该是个美好的年代吧。

后来是因为 "Champagne" 这个地方的人发现这个本来已经约定俗成在世界各地都成为 "让我们一起享受快乐一刻" 的词语原来是一块值钱的招牌，可不能让别人一起分享，于是赶紧立法只准自己用了。西班牙就曾因将气泡酒叫作 Thampagne，因为与法文 Champagne 发音相近而遭到法国政府的抗议。

但我仍喜欢将这类酒称为 "香槟" 啊！曾经凡是带有气泡的果酒，我们不都是称作香槟的么？小时候祖屋门口的园子被村里收回给别人建房，大伯和父亲于是请了远近的亲戚来，将园子里祖辈种下的两棵一人都不能合抱的梧桐树伐倒，做了家具。伐树的那一天家里摆了酒席，还在读小学的我和弟弟一起中午回家吃饭，大人们破例竟然让我们两个小孩子喝了 "香槟"！因为伐祖上留下来的树是大事，而那年代喝香槟的日子也并非常有。那是我喝过的第一瓶香槟呢，还记得是苹果汽酒。

Champagne 酒产自法国北方，和我们的茅台酒相仿都是以产地命名，曾经在广泛的范围 "香槟" 这个词被用来指代 "起泡酒"，现在当然制定了法令仅限香槟区可用。于是，同样的东西在西班牙叫作 Cava，在意大利叫作 Asti，在南非叫作 Cap Classique，在德国取名为 Sekt，即使法国其他产区也只能命名为 Crémant。

中文翻译的"香槟"二字倒也是音义颇佳呢，而最早的翻译？ 1985 年岳麓书社出版、钟叔河先生主编的"走向世界丛书"，收有张德彝的《欧美环游记》，他是同治年间首批同文馆学生，随使团出使欧美，其"合众国游记"中记其所作《鸥兰记》写的是在美国饮宴的经历，文曰："鸥兰，译言橡田也。其地景致清幽，倚山坡设酒肆，为游人休息之所……小亭环以清溪，长案荫于花架，大烹飨客，列坐于群芳供养之中。于是酌三鞭，饮加非，手拈刀义，味兼膻腺，从俗也。""加非"者，咖啡也（coffee），"三鞭"呢？可不是现在偶尔还会在香港电视台深夜的粤语残片时段播放的烟台张裕的经典广告："保气力，壮胆色，表现好身手，饮至宝三鞭酒！""酌三鞭"，原来酌的是香槟。

不说不知道，在日文中 Champagne 根据读音而套上汉字也写作"三鞭酒"呢。

张裕广告的另一版本："多 D 欢乐，多 D 朋友，饮至宝三鞭酒！"竟更像专为香槟做的广告了！

杯：谁的乳房？

日本作家三岛由纪夫著名的小说《金阁寺》中有非常唯美的一幕，两个少年在寺院中偶然偷看到一名美丽的女子挤乳水给上战场的丈夫送行："莹白的胸脯袒露出来了。我倒抽了一口气。女子公然用自己的手将一只莹白而丰满的乳房托了起来。"

记忆里我常常将这一场景和三岛的恩师川端康成的小说《冬天的彩虹》混淆，同样是一名男子将上战场，而请求女友把乳房当模型做成银碗："我想把这银碗当作酒杯，把我最后的生命喝干。"

以乳房做杯最出名的传说来自香槟，以前喝香槟流行使用的一款古典香槟杯，最早可追溯到希腊神话，最原始的 La Coupe 是塑自特洛伊城的海伦（Helen of Troy）。

美国人类学家 Briffault Robert 在他的《母神》一书里对希腊传统进行考证之后指证说："人世间的第一只酒杯，很可能就是模仿古希腊神话引发特洛伊战争的海伦的乳房制造出来的。"在克里特文化圈内，乳房的裸露是一种适应祭典的圣事行为。女神和她的女祭司们展示她们丰满的乳房——那是生活的丰足性和生命的滋养者的象征。在希腊人的心目中，海伦是最美的美女，她的乳房自然也被认为是美的象征，在制作陶器或玻璃器皿的时候，把美女海伦的乳房当成模仿的对象，就是合理的和可以理解的了。

当然，和很多事情一样，关于香槟杯形状来源的传说也远不止一个，海伦只是最出名的，其后的传言有说是拿破仑以他的爱人约瑟芬（Josephine Beauharnais）的乳房来作为设计的灵感，有说是根据 18 世纪末法国玛丽皇后（Marie Antoinette）那出名的胸部塑造而成的，也有说是法王路易十五的情妇曾说过那句著名的话——"香槟是让女人喝下去变得漂亮的唯一一种酒"——的庞巴度夫人（Marquise de Pompadour）为了邀宠，诱惑对她的胸部着迷的法王，特地找来玻璃工匠以自己的乳房形状制作而成酒杯。

人家姑妄言之，我们姑妄听之，银碗盛雪，至少没有中国人用绣花弓鞋当酒杯那么恶俗和无聊。酒和色原是不分家，捧着那样的酒杯，喝着那样的酒，想着这样的传说，不必因为心中想入非非而说抱歉了。

"最讨厌你们这些人总是把酒比喻作女人了！"也遇到过女人这样的抗议。

"其实无可厚非呀，无论中国，还是希腊，从古代开始，审美哲学里一致都认为美的尺度就是人的尺度，在男人眼里最美的就是你们女人啊！"

女人常怪男人很多时候宁愿把盏为乐，其实男人即使喝到最美的酒的时候心里想的还不是女人！

人物品藻之风可不仅仅盛行于东汉，"欲把西湖比西子，从来佳茗似佳人"，则是苏轼的名句了。

"百子被启太以自己的乳房为模型制作银碗的事，事后想来，好像是一场奇怪的梦，百子有些难以置信。但是，现在百子又想，只有男女两个人在一起，什么事情都会做得出来，这是无法料到的。"说得真对啊，男女两个人在一起，什么无法料到的事情都会做得出来。

"做以乳房为模型的银碗，也许是一种幼稚的感伤。"也许。只是西方传统对美女乳房的赞美多以"苹果般"誉之，丰满却不大，做出来的杯又宽又浅，如今，这种杯子被用于鸡尾酒或者盛装冰淇淋，而喝香槟则改用长笛状或郁金香花朵般的高脚杯，杯身高长，杯口略窄，为的是欣赏那徐徐上升的细小而昂贵的气泡，亦方便用鼻捕捉那香槟的芬芳。或许是因为女权当道，至少也应与女性消费成为奢侈品的购买主力相关吧，香槟杯因势利导而男性化了。

另一位与香槟相关的西方名女人是不爱江山爱美人的英王之所爱——温莎公爵夫人沃利斯，在他们二人的传记里，作者如此形容爱德华八世："他具有钢铁般的原则，同时具有香槟酒那样香气四溢的气质。"书中用香槟来形容国王，而用一杯淡啤酒来比喻英国社会："贵族不过是浮在上面的泡沫，工人是杯底的沉淀物，中间阶级才是酒的实体，那才是可饮的好酒。"都是冒泡的酒，但也等级分明。

"她也是头一个在香槟酒里加冰块的人。"公爵夫人的朋友埃德蒙·博利说，"冰好像是可以从酒中去除酸性和气体。我的朋友们开了一家香槟酒厂，是世界上最有名的两家香槟酒厂之一，他们现在就只喝加了冰块的香槟酒。我也是一样。"每次一喝香槟或者气泡酒，我总是想着这样的一句话："我一闭上眼睛，就闻到风的味道。"无论听觉、嗅觉，还是味觉、触觉，看着杯中的香槟酒，确实给我风的味道一般的感觉。同样，这句话来自日本村上春树的小说《莱辛顿的幽灵，盲柳，与睡觉的女人》。

何家干兄曾讶异："你，竟然也看村上的小说？"我的回答那时节或许带点无奈："是呀，我也看村上的小说噢。"

和川端、三岛一样，村上的小说中也有大量的乳房出现，香槟却不多，村上小说中的主角喜欢自己做料理，如《舞吧舞吧舞吧》："我先做了一道长葱伴梅子，撒上柴鱼片；又用凉醋拌海带鲜虾；再以芥末细磨白萝卜给鱼丸添辣味；然后用橄榄油、蒜和少许的辣味香肠炒切丝的马铃薯；最后将小黄瓜切片，做了一道实时泡菜。还有昨天剩下的煮羊硒菜和豆腐。调味料则用了大量的生姜。于是我们一面喝着黑啤酒，一面吃着我做的小菜。啤酒没了，就喝香槟……"

香槟的地位竟在啤酒之下了。倒也不奇怪，在小说中村上更喜欢的是啤酒和威士忌，葡萄酒确在其次呢。

"我心窝附近感觉到她的乳房却忍不住好想喝啤酒而已。"

我也想了。

情：自己的酒杯

有部电影《杯酒人生》（*Sideways*），用加州葡萄酒乡作背景，以男人结婚之前作最后的放纵展开，借葡萄酒喻人生，通过主角的对话，各自对酒、对酿酒葡萄的认识交流着对生活哲理的思索和探求，成为电影的主题。

影片传播了一些基础的葡萄酒知识，上映后竟推高了那一年加州 30% 的葡萄酒销量，而片中葡萄的主角黑皮诺也获得了前所未有的广泛声誉。

看完后好玩地想邯郸学步把影片中所有出现的酒都买来试一下，但是难度非常高，罢罢罢，只好放弃。

而其实电影里最触动我的只是一个细节、一只杯。

影片开始之后两位男主角开车上路，迈斯让杰克看一下后座他特意为这次旅程所带的酒，杰克选了一支起泡酒，"啪"的一声就打开了，在不适合的环境和不适合的温度下，迈斯阻止都来不及。酒乃加州圣塔玛丽亚谷著名酒园 Byron 所产，1992 年，由于不再出这种酒，所以如绝版书一样珍贵。

杰克才不理会这一套呢，翻出杯子就倒，"尽管你愚钝粗鲁"，这时却显示了他的细心：给迈斯的是非常正式喝起泡酒的香槟杯，自己用的则是喝白葡萄酒的杯。酒杯的小细节传达出两人的友情。

刚刚喜欢上葡萄酒的人往往都会非常执着于一件事情，就是喝什么酒用什么杯。白酒用白酒杯，红酒用红酒杯，香槟用香槟杯，金庸《笑傲江湖》里面，专有"论杯"一章：

祖千秋见令狐冲递过酒碗，却不便接，说道："令狐兄虽有好酒，却无好器皿，可惜啊可惜。"令狐冲道："旅途之中，只有些粗碗粗盏，祖先生将就着喝些。"祖千秋摇头道："万万不可，万万不可。你对酒具如此马虎，于饮酒之道，显是未明其中三味。饮酒须得讲究酒具，喝甚么酒，便用甚么酒杯。喝汾酒当用玉杯，唐人有诗云：'玉碗盛来琥珀光。'可见玉碗玉杯，能增酒色。"令狐冲道："正是。"祖千秋指着一坛酒，说道："这一坛关外白酒，酒味是极好的，只可惜少了一股芳冽之气，最好是用犀角杯盛之而饮，那就醇美无比，须知玉杯增酒之色，犀角杯增酒之香，古人诚不我欺。"令狐冲在洛阳听绿竹翁谈论讲解，于天下美酒的来历、气味、酿酒之道、窖藏之法，已十知八九，但对酒具一道却一窍不通，此刻听得祖千秋侃侃而谈，大有茅塞顿开之感。只听他又道："至于饮葡萄酒嘛，当然要用夜光杯了。古人诗云：'葡萄美酒夜光杯，欲饮琵琶马上催。'要知葡萄美酒作艳红之色，我辈须眉男儿饮之，未免豪气不足。葡萄美酒盛入夜光杯之后，酒色便与鲜血一般无异，饮酒有如饮血。岳武穆词云：'壮志饥餐胡虏肉，笑谈渴饮匈奴血。'岂不壮哉！"

自己初入酒门也是如此，身边亦有一个朋友，我很认真地在学酒，他则是东坡所说"饮酒但饮湿"，纯粹的酒精爱好者。无论去哪里喝酒，我都会要求正确的杯子，要么自己带，要么去相熟的店，那会儿葡萄酒还不是很普及，很多时候在酒家要求杯子都会有困难，而他都会尽量帮我弄到我想要的杯，常常只是一只，他和其他朋友则无所谓。

看完影片便想约他喝酒。

男人之间也会有那种一见而倾心的情感发生吧，指的当然是友情。第一天到那家公司上班，在办公室门口遇到他，便生结交之心，他特显年轻，我以为他比我小，结果竟大我七岁。

30岁之前我猜不到别人的年龄，也看不出兄弟姊妹甚至父母儿女之间的相像之处来，非常奇怪，真的是这方面的低能儿，应该是属于那种没有绘画天赋的类型吧，抓不住别人的长相特点。那时候的我有点自闭的倾向，路上遇了人从不主动打招呼，相信老天自有安排；高空坠物也不会闪避，写在笔记上的格言是：被动但能容物。

对公司的了解，对南方城市，特别是夜生活的适应等方面，他是我的引路者，而工作中、工作外我也处处维护着他。我们都喜欢喝酒，工作又与酒有关，结果上班中、下班后几乎无酒不欢。我们的分别是一个是酒类爱好者，一个是酒精爱好者，当然，在别人眼中是没有分别的。

那时节我在考品酒师资格，总是买各种各样的酒来喝，一瓶酒只喝第一杯、中间一杯、最后一杯，剩下的给人。听说是好酒，别人总是作欣赏状，细细品味，唯他是入杯就干、杯杯到肚。

"他又不懂酒，你却每次请他喝这么好的酒，真是浪费！"有人说。

"葡萄酒是用来分享的，我当他是朋友，所以虽然你说他不懂酒，我还是很愿意和他一起喝酒，怎么是浪费呢？"

"他那样喝啤酒没得说，可这是葡萄酒啊！看也不看、闻也不闻、拿起杯就干，这既不尊重你，也不尊重葡萄酒！"

"呵呵，朋友不是用来尊重的，而一瓶酒打开来，只要尊重自己的那一杯也就够了，至于怎么喝自己的这一杯酒，那是每个人自己的事。"

说这话那已是很久很久以前的事情了，现在我们已经失散很多很多年了啊！

也曾经背叛过友情，也曾经背叛过爱情，酒杯虽浅意殊深，忽然想起，然后继续忘记，干杯。

空：我所见过的最美的花园

"工欲善其事，必先利其器。"当这句话从葡萄酒爱好者口中说出来的时候，通常是预示着他已经从入门级开始向痴迷阶段大步跃进了。你会发觉他喝酒开始讲究，买酒有了自己坚定的选择，出去吃饭也要自己带酒，大声叱喝服务生为什么不拿更大形状的杯给自己，喝什么酒一定要用什么杯，最后不可避免地自己会带上杯出去喝酒了。

酒杯对葡萄酒来说真的这么重要么？

有道是"礼之初，始诸饮食"，饮食之道也就是礼仪之道。子曰"器以藏礼"，器为载体，礼与道皆在其中矣，而酒器乃礼器之大宗也，所以要学酒，先学用杯，葡萄酒文化亦始于此。

大家到网上搜索一下，肯定会看到太多的文章教人，说喝葡萄酒一定要用高脚杯，是否此中专家看的就是你拿杯的手势；而且玻璃杯不行，一定要是水晶杯，轻薄、透明，便于察颜观色，千万不能有色彩、修饰和花纹；然后就是杯子的形状和大小，对酒香的挥发和凝聚有着不可估量的影响，杯口的线条和弧度更能决定酒液流入口腔的角度、流到舌面的位置，从而影响了酒的味道以及对酒的感受。因应这套理论，世界最著名的水晶杯品牌——奥地利的 Riedel 公司推出了一个又一个不同系列的酒杯之选（或许这套理论也是他们推出来的呢），于是，为不同的产区设计了不同的酒杯，为不同的葡萄品种设计了不同的酒杯，甚至还为人设计了不同级别的酒杯如侍酒师系列、大师系列等等，成为酒杯中的奢侈品，价格昂贵，被尊为酒杯中的劳斯莱斯。

有这个必要么？喝葡萄酒对酒杯的选择竟这么严格？或许你会问。我想，那要看你对葡萄酒的讲究程度了。"礼仪所要求的是正确，而感官所要求的只是合宜。"美国葡萄酒专家马特·克拉玛是这样说的。就杯身而言，郁金香形、圆底高身、杯口收拢，基本上就是一只合宜的酒杯了。

当然，Riedel 的杯子我也喜欢，只是并不认同他的这套销售哲学，葡萄酒杯和酒的风味之于产地、品种、饮者当然互有影响，但绝对不是一一对应关系。

"同一瓶酒，用不同的酒杯品尝，你会以为自己在喝另一瓶酒。"Riedel 的主席常常这样宣称。真的是这样么？

"形而上者谓之道，形而下者谓之器"，作为器的酒杯赋予了葡萄酒能够被感官感觉到的形式，使得酒的风味、品质被我们知道。不是说相同的酒会因为不同的杯而有了不同的味道，是因为不同的杯空间形状不同因而呈现出来的酒的面目才不一样。酒液的随器赋形，表面与空气的接触面积、挥发的程度、酒杯的高矮胖瘦对香气拢聚的影响等等，是这些造成了香气和口感的差异，但这差异只是即时的、当下的差异，而酒的香气、口感的呈现需要一段时间，酒的品尝也是随时间行进的过程。就整个过程看，消除了时间差之后，其实无论怎样的杯，就酒而言我们并没有错过什么，也不会损失什么，都能够喝出酒能够给予我们的全部。

葡萄酒是无所依赖的，就好像情场老手一样，知道在不同的杯子里面如何表现自己，同样也知道在相同的杯子里如何呈现不同的面貌。

你知道么，中国哲学的很多概念都可以在葡萄酒的品赏过程中体现出来。

比如说阴阳：好的酒来自好的葡萄，决定葡萄酒好坏的因素是地理位置、气候、土壤、葡萄园管理和酿造技术。阳，地面上的部分，自然的地理与气候，包括阳光、雨水、葡萄园的坡度以及人的因素——管理和酿造；阴，地面下的部分，土壤的成分与组成、蓄水与排水的平衡，葡萄树龄决定了根系的深浅、吸收养分和矿物质的能力。

由阴阳又衍生出来对立而统一的一些观念，比如说常变：好的酒庄出产的酒都有自己典型的风味，每一年的酒都会打上烙印般可以被辨识出来，此之谓风格；但是因为每一年收成的不同又会有那一年的独特个性，也会因陈年时间、储存环境、开瓶的时间、环境甚至品饮人的不同而产生不同的风味。更有甚者，同一个酒庄、同一个年份、同一批酒、同时装瓶的同一箱，随着陈年也会各自发展，最后每一瓶酒都会有不一样的味道！

比如说虚实：人常说葡萄酒最大的乐趣是欣赏它的香气，但气是看不见摸不着的，入鼻为虚；酒么毕竟是要喝的，酒的价值当然入口为实。

比如说动静：葡萄酒的闻香摇杯为动，不摇杯为静，你也可以试试看，不摇杯和摇杯之后，酒的香气是不一样的。很多专家教人喝酒总是不停地摇杯、不自觉地摇杯，其实往往错过了香气的变化。不摇杯香气是凝聚的，摇杯时香气则是散发开来，这又是一个对立统一的转换：聚散。

再比如说有无：酒倒进杯中为有，干杯之后为无，我们常听说"空杯留香"，是的，我也说过这样的一句话"好酒的秘密都在空杯中"，经常酒喝完空杯后的香气比有酒时更为迷人！

更不必说酒色的明暗、冷暖，酒香的奇正、藏露，风味的曲直、浓淡，酒体的轻重、肥瘦，酒精的刚柔、宽严，味道的起伏、开合，口感的疏密、滑涩，余味的长短、徐疾……这诸多的对比形式相激相荡、交融通会，派生出葡萄酒的结构、质地、复杂感和丰富性，皆可在一杯酒中体会到呢！

而葡萄酒杯，无论是以产地命名的波尔多杯、勃艮地杯、香槟杯，还是以葡萄品种命名的霞多丽杯、长相思杯，甚至最普通的玻璃酒杯，几乎都是郁金香的形状，内部空间都是圆形的，酒液在杯中流动婉转，从善若转圜，则属圆融完满的境界。一款酒能够在杯中体现出圆道、和谐，那正是葡萄酒的最高层次了。

虽然谈了这么多貌似哲学的问题，但是我所做的只是平实地叙述，葡萄酒并不是玄学，纪德说："奈代纳尔，我来和你谈谈我所看过的最美的花园。"这也是我想和你说的，我所看过的最美的花园正是在葡萄酒杯中！

所以，我不是导师，我也真不能教你什么，还是让我们一起，拿起酒杯，跟随纪德的脚步吧："奈代纳尔，我将教你热诚。"

无论葡萄酒还是生活，我们要学的就只是热诚而已。

扎拉·克尔切斯特 /
夏绿蒂·塞恩斯伯里 - 普莱斯

陆杰译

马背上的英格兰

（节选）

人类和马在同一片风景之中，
它属于我们自己，属于上帝，属于造物。

[译者前言]

扎拉·克尔切斯特（Zara Colchester）和夏绿蒂·塞恩斯伯里－普莱斯 (Charlotte Sainsbury-plaice) 的初次相逢是因为《马与狗》杂志上的一则广告：扎拉求购良马，夏绿蒂恰好有一匹好马符合要求。见面之后，二人发现彼此的共同之处，那就是对英格兰乡间风景和马的爱好。2011 年，扎拉·克尔切斯特和夏绿蒂·塞恩斯伯里－普莱斯用了一整年的时间游遍英格兰，进行了一次景色壮观、引人入胜的乡村马上之旅。

旅行结束后，二人合写了这本名为《马背上的英格兰》一书，书中涉及的行程从西南的多西特到东北的约克郡沼泽，每一段旅行都有一张画着详细路线的漂亮的手绘地图，标出一路上有趣的景点和到达那里大概需要的时间；还有关于每次骑行食、宿、景点详细汇编。当然，资深风景摄影师查理·塞恩斯伯里－普莱斯也功不可没，他为旅行拍下了大量精美的照片，是这次别具一格的骑马之行最好的注释。

[杰里米艾恩思 (Jeremy Irons) 为《马背上的英格兰》写的前言]

每天，令人目眩的高端技术给我们带来大量高像素图像与各种信息，如洪水涌来，让人深陷其中。我们仰望星空，对着漫天繁星虔诚地喃喃自语，寻觅可以告诉我们人之所以为人的答案，然而一切都仍旧神秘如昨。

越是努力想要自己找到答案，生命就越是扑朔迷离。但是和无数人一样，我依旧在寻求意义的道路上前行。

你还是走到野外吧，让雨水和阳光渗入肌肤，感受微风吹透发根，看着浮云掠过大地，也许，就在此时，宁静悄悄进入你的灵魂。

最美好的事情，如果条件允许，就是骑上马背，和动物合二为一是与万物融合的初始，是认识自我的最佳开端。

英国拥有世界上最好的乡村，它们一直是我心里最亲切的所在。
为了赞美这乡村，赞美造物主给人类创造的伙伴，我衷心推荐这本书。人类和马在同一片风景之中，它属于我们自己，属于上帝，属于造物。

《马背上的英格兰》节选之一

这本书展现了英国乡村罗曼司的发现之旅，关于人、自然和马，关于美和变幻多姿的乡村。拥有纵横交错的马路和小径是英国独特的传统，它质疑着现代英国这个观念，因为这片曾经美丽的土地在都市化进程中遭受了大规模的破坏。

过去的两年里，我们从南部海岸多塞特（Dorset）到约克郡的沼泽地带，骑马游遍英格兰。我们沿着 1000 年前古代牲畜贩子的足迹，经过航线、绿道、马路。我们骑行在《英国土地志》中详细记载的路线上，一路上我们经过托马斯哈代 (Thomas Hardy) 笔下的小小农舍、庄严堂皇的大宅，科茨沃尔德 (Cotswolds) 丘陵的村庄和海滩，通向囚禁安褱琳古塔的小径，还有山毛榉树林里亨利五世狩猎时停留、伊丽莎白一世曾在那里过夜的小屋。

如今，塞缪尔·帕默 (Samuel Palmer) 和约翰·济慈 (John Keats) 的乡村还像 200 年前一样充满生气。农夫在这片土地上劳作。农舍主人悉心照看着他们的花园，生活一如既往地延续。但是英国乡间并非一个博物馆，进入 21 世纪，它发生变化，面临威胁。

英格兰人正在并且已经为认识和保护这个国家无与伦比的道路网络而斗争。

农民在这种鼓励下日益具有环境保护意识，了解到战后农业政策所鼓吹的大规模生产这一错误方式带来的损害。获得保护环境的资金后，将全面考虑土地需求，自然植被的改善、对公众的开放以及野生动植物的保护。这些措施已经开始见效：我们一路上看到新辟的林间空地、鲜花的长廊、野生动物保护地带和新圈出的矮树篱笆。

在马背上感受到这些可喜的变化，不仅重新加深了我们和自然风光的密切联系，也使人和马之间如山峦一样古老，如乡村一般浪漫的情感更加牢固。和马建立伙伴关系不是通过控制它，而是信任它。呼吸着清新的空气，纵马飞驰，心中无比兴奋，感到自己活着，和马融为一体，而它永远不会完全驯从于你，这种感觉彰显了一个人所有的激情。

哈代梦到他的妻子在比尼悬崖上骑马：噢，水波荡漾的西海泛着幻彩，闪着蓝宝石的光芒／那个女子高高在悬崖之上骑着马。阿尔弗雷德·诺伊斯在诗中写到一个盗匪，穿着黑色紧身马裤，纵马上山，来到一座古旧的酒馆门前，约翰·韦恩骑马穿越美国，向征服西部的历程致敬。骑马旅行就是生活在此刻。人类和马长久的伙伴关系有着盘根错节的历史渊源：一起继续这样相处下去将多么美妙！

作家历来有骑马游历英格兰的传统。瑞士探险家 A·F·奇费利（Tschiffely）在 Bridle Paths 里写道："想要真正地看到英格兰，我推荐骑在马背上去看，在马的陪伴下，加上皮革的气味和'吱扭吱扭'的声音，富于想象的人们不由得沉浸在一种如今只能在旧小说里感受到的气氛里。"

Looking through the mist across the valley towards Broadway Tower.
透过薄雾，看见朝向布劳德威塔楼。

骑在马上看去，世界似乎没有什么改变。古老的小径依旧在那儿，魔力不减。在马背上，你发现自己是独自一人，和马，和乡村融为一体，感受着田园生活的真谛。

实际上，我们游历英格兰时，已经发觉乡村风景就像有一种共识。树林和田地几千年来彼此争夺着空间，在几代公正而细心的人们的努力下终于有了精确公平的划分。这是我们的先人，曾经为了争取个人权利不懈斗争，慷慨赴死。他们同样关心土地，这些我们经过的栅篱和树林，都是在他们的协作努力下种植并保留下来的。

这个共识几乎没有被清晰地表达过，但是对我们来说它已经存在，那就是花园一般的英格兰。

在英格兰和威尔士有上百万英亩的绿地，世界上没有任何其他国家拥有如此非凡的成绩。自从中世纪以来，人们遵从生存常识，大量保留了这片土地，使它们不至被破坏。这些耕地、马路、小径是一个真正自由社会的最佳诠释，公共权利被放在了富裕的地主或企业的利益之上。

英格兰的风景会给人带来一种强烈的希望。也许我们每天都被提醒人类环境正在退化，看到屏幕上尽是毁坏燃烧的森林、污染的河流，内心因此绝望。我们骑马经过的树林、田野和溪流却提醒了人们，这个世界不仅仅是这副样子，还有它一直以来应该有的模样。

| 1 | The old lanes, were abundant with the blossom of wild flowers and the sound of birdsong. |
| | 古老的小路上，野花盛开，鸟儿歌唱。 |

| 2 | Charlie, the enthusiastic traveller, enjoyed his temporary home in the stableyard at Higher Rodhuish Farm. |
| | 查理，热情的旅行者，很喜欢它现在的家——雷迪什高地农场里的马厩。 |

《马背上的英格兰》节选之二

这是我们今年第一次骑马出行。英格兰的天气向来难以预料，3月下旬更是如此，天气预报说有雨。由于为这本书而出发的旅行将穿越季节和风景，我们打包好了潮湿天气需要的装备，虽然天空灰暗阴沉，外面仍旧开满了报春花、黄水仙，还有遍地的羊羔——春天的气息荡漾在空气中，一派欣欣向荣。

据说骑在马背上是观看风景的最佳方式，在英格兰的确如此。能够窥见躲在围墙和篱笆后面的世界，这将给你展现一幅无可比拟的乡间美景。

这次旅行安排了从瑞德克姆（Redncomb）到瑟瑞塞斯特（Cirencester）附近的 50 英里的环形路线，我们晚上住在环境优美的村庄，那里让人觉得更像是在法国，而不是英国。

第一天：伦德科姆到麦瑟顿

清早我们骑马经过奶油色的、景色别致的科茨沃尔德（Cotswold）村，来到瑟瑞塞斯特公园（Cirencester Park）。公园主人巴瑟斯特伯爵（Earl of Bathurst）非常慷慨地允许我们在他的绿地里随意行走，唯一的条件是：不能驱马急驰，不能在里面野餐，最晚下午 5 点之前必须返回。艾伦·巴瑟斯特（Allen Bathurst）在 1714 年设计建造了这个公园，他活到 91 岁高龄，直到生命的最后一个月还每天骑着马，在宽阔的绿草马路上来回急驰至少两个小时。

在这块神奇美丽的绿地上，我们很快发现在光芒四射的林荫大道迷宫里，无论是离心、直线还是 5 英里急速奔驰，都毫无困难。独自在这个巨大的公园，很多骑手会迷失方向，怀疑自己能否在下午 5 点钟的宵禁之前走出来。我们走的路线，也就是 The Broad Ride，引导我们沿着一条看不见尽头的绿道走了 5 英里。一直走到被称作豪斯格德（Horse-Guard）的巨大的哨兵石屋之后，我们终于在"十星环"（Ten Rides Star）林间空地上结束了行程。就像名字所暗示的那样，是 10 个同样 12 英尺宽的青草小径辐射四面形成的环形路线。

我们研究着地图。究竟该从哪一条路走？显然你需要具有航海学位才能活着走出这个公园，而挑战来自大部分的道路是通向锁着的石头大门。一个小时后，或许更长的时间之后，我们绕了好多弯路，累得抓狂，终于渐渐在这个迷宫里辨清方向，走出了公园。

我们的午餐地点——"萨珀的贝尔"（The Bell at Sapperton），是瑟瑞塞斯特边上一个酒店，蜜色的石头建筑，店旁有一个围栏圈起的停泊点，上面一块旧木牌上写着"horses"。店主甚至还提供了桶装水。显然，在一连串因在公园里迷路而到贝尔（Bell）酒吧里小憩的骑手里，我们是最后一批。

午饭后，我们的路线是一连串的古老小道，路边种着高大的如哥特式教堂一般直插云霄的山毛榉树。走在路上，唯一的声响是马蹄踩在树叶上的嘎吱声。路边有小丛小丛的紫罗兰和黄色的报春花，我们听见斑鸠咕咕低叫，黑鹂唱着抒情的歌谣。

这个乡村面向平伯瑞（Pinbury）公用场地，一座壮丽的詹姆士一世时期的房子坐落在乡村连绵的绿色之间，周围环绕一片橡树林。我们绕过花园时唯一的屏障是老式的紫杉木篱笆和漂亮的灰色石头围墙。

离开平伯瑞，我们骑过碎石砌成的大门，走上通向埃奇沃斯马诺尔（Edgeworth Manor）的马车道，路的两边栽满了黄色的水仙。我们查看了一下地图，发现马车道会再次穿过那所房子。在英国乡间，马车道和人行小路常常需要直接穿过私人领地，那里非常靠近主人的家院。这种不可思议的通行路线经受时间的考验幸存下来，一条条古老的路径看起来就是最基本的权力的真实显现：所有人都有享受这美丽的乡村的自由。

越过敦特士伯恩的公共用地（Duntishbourne Common），我们来到一片更加壮观的树林，然后登上悬崖顶端。停住马蹄，我们静静地观赏着风景，崖下是广阔的绿色田野，绵延不绝，中间点缀着湖泊、古老的山毛榉和橡树林。

天擦黑的时候我们抵达了计划过夜的地方——麦瑟顿村的老教区（Old Rectory in Miserden），大家又湿又冷，疲惫不堪。梅丽莎·肯尼迪（Melissa Kennedy）和她的丈夫汉姆士（Hamish）用温暖的问候和一杯热茶迎接了我们。看着马儿入了槽，大家才洗澡下楼，去享用烛光晚餐：自家做的野蒜汤配炖牛肉。饭后大家讨论了一下计划线路，就像我们今天经过的土地属于巴瑟斯特家族一样，从明天起要经过的地方大部分是威尔（Wills）家的领地。

第二天：麦瑟顿到威星顿（20 英里）

早上的旅程把我们带入麦瑟顿公园（Miserden Park）枝影重重的迷失世界。大片树木覆盖的山谷遍布着古老的湖泊、水坑和野花。这里有几分纳尼亚传奇故事里的歌特式风格，树木参天，像一座绿色的教堂直耸云霄，给人的感觉它们已经不仅仅是一些树木。传说在 1361 年，黑太子 Black Prince 曾经在这里的某个湖边向美丽的少女肯特（the Fair Maid of Kent）求婚。

沿着石子路，在迷雾缭绕的湖边蜿蜒走过，你会想象着亚瑟王的宝剑从朦胧幽深的水中渐渐浮现。天开始下起雨来，更增加了这里的奇异的氛围。接下来的 3 个小时里，只有我们一行人走在这永恒的仙境之中。除了骑马，这里禁止以任何其他方式接近森林。

几个小时之后，我们终于钻出树林，重新回到了 21 世纪。浪漫的人也需要食物，大家都感到了饥饿，于是我们停下来，在 Green Dragon 酒馆享用了一顿农人的午餐。

我们预先计划把下午去农场的旅程从准备在那里过夜缩减为两个小时，即便如此，我们决定再去掉向北的大部分主要线路。一切按计划进行后，我们发现地

A man on a horse is spiritually, as well as physicall, bigger than a man on foot. -John Steinbeck
骑在马背上的人比站在地上的人更加高大。——约翰·斯坦贝克

Heading up the hill to Norton Hall after a long day.
经过漫长的一天，终于到达山上的诺顿大厅。

图上很多可以跑马的道路实际上只可以步行。大家蹑手蹑脚地沿着田边走，尽量避免被农夫们看到，一边盼着这些人行小路可以逐渐变成可以骑马的道路，可是希望一直落空。已经是晚上 7 点半了，天色越来越黑。周围没有房屋，没有路，没有人可以求助。看起来我们不得不和马儿一起在野外露宿了。

我们兜了一个小时的圈子，试图按照地图上标明的方向，先是朝山下走，进入树林，却毫无头绪地撞进了写着"禁止进入"的私人领地。在林边路上的大门边终于看到了奇迹，门居然没有锁。我们看到远处有房屋漏出的灯光，一路加快马蹄小跑过去。惊讶的农夫告诉我们偏离目的地好几英里，这时已经是晚上 8 点钟了，夜色如墨。幸运的是农夫非常好心，我们的马受惊跑进一个尽是公羊和鸡群的小围场，农夫一边笑着一边友好地把我们的马赶到原先的方向。

Upcote Farm，是一所坐落在一条煤渣跑道上的迷人的老式农舍，这里是希拉（Sheila）和约翰·普拉（John Platt）的家，希拉喂养了很多牧羊犬，他们的宅院像一个野生鸟兽的庇护所，挤满了各种鸭子、鹅和鸡这样一些禽类。晚饭后我们一头栽进床里，庆幸自己不用在某个狂风怒号的可以眺望切尔滕纳姆（Cheltenham）的悬崖上一边打着冷颤一边吵架。没想到清晨 5 点钟，我们就被卧室窗外田野上小羊羔"咩咩"的叫声唤醒了。

第三天：威星顿到伦德克姆

黑色的雨云布满天空，我们急忙从近道跑回伦德克姆（Rendcomb）。吃完美味的培根鸡蛋早餐，我们改变方向去科林谷（Coln Valley）。道路把我们引向风景如画的 Compton Abdale 的村庄，在那里的一处泉水边饮了马匹。早上最棒的经历是经过富有浪漫气息的凯斯·康普顿（Cassey Compton）的房子，房屋后面是峡谷和河流，视野极为开阔。我们登上山坡，来到伊安华斯（Yanworth）的美丽的小村庄，那里大部分房子粉刷成绿色，表示他们对威斯缇（Vestey）家族领地斯托威尔·帕克（Stowell Park）的效忠。

在切德沃斯（Chedworth）的塞温图恩（Seven Tuns）吃过午餐，剩下的路程很短，非常轻松。还不到下午4点，我们就回到了伦德克姆（Rendcomb），把马装上货车。第一阶段行程接近尾声。

沿着通向切尔腾纳姆（Cheltenham）市繁忙的 A44 号公路开车回家，我们惊异地发现现代世界是如此狭小逼仄。3 天来我们一直骑马走在私人领地，那些地方大部分多年以来被同样的一些家族拥有。这些土地的所有者在保护乡村资源方面扮演了重要角色。我们骑马经过这些庄园时所享受到的平和与清静是一个绝妙的提示，提醒人们在这个熙熙攘攘的岛国上依旧可能找到安宁。

《马背上的英格兰》节选之三

一幅珍贵的地图展开在厨房的桌子上，这被小心翼翼打开的崭新的陆地测量图意味着一次即将进行的探险之旅。我们对"OL 132 North West Norfolk"的第一个印象是它宽阔齐整的空间、自然的轮廓和其他地志学方面的指示。淡蓝色和黄色相间的地图上除了北边的海岸线边上有几座村庄，其他都是纵横交错的道路和小径的线条。

诺福克（Norfolk）并不是个荒凉崎岖的山区，但是那里植被丰富多样并且靠海，我们很幸运，将在诺福克骑行绕一个大圈。塞恩德瑞汉姆（Sandringham）、麦斯因汉姆（Massingham）、斯诺因（Snoring）、沃尔辛汉姆（Walsingham）、海因德汉姆·敏克（Hindringham Minque）和克里克（Creake）——这几个郡或许景色单调，但是它们的名字绕舌又富有韵味，属于粗俗的诺福郡大方言。我们行程的第一站，却在方音并不明显的柯因斯林恩（King's Lynn）附近的一个农庄。

卸下马背上的物品，蹒跚走下陡峭的土坡，把马圈进一个燧石砌成的空马厩里，从前这个马厩是农庄给用作干活的牲畜住的。我们围在火边喝酒休息，然后去村子里的酒吧"玫瑰与皇冠"（Rose and Crown）吃晚餐。

第一天：霍夫顿豪尔到伯纳姆索普

第二天早晨，空气格外清新冷冽。虽然阳光普照，诺福克（Norfolk）仍旧是冷。北边海面上不断吹来的风让人感觉冷入骨髓。我们沿一条小路走向马厩，路两旁长着英国的珍稀草种莱德蕾丝（ladies lace），让人怀念美丽的 5 月。墨非和毕加索头朝着马厩的门站着，看起来心满意足，好像它们已经住在那儿好多年了。

第一天的行程可以形容为流畅而优雅。我们经过被小心保护的佃户住的白色木屋，霍夫顿豪尔（HoughtonHall）的巨大的熟铁大门正好在哈普莱（Harpley）的外面。哈普莱是不列颠的第一任首相罗伯特·沃波尔爵士（Sir Robert Walpole）的出生地和祖宅，以帕拉蒂奥式建筑的华丽外墙和鹿苑而闻名，这只是点缀着乡间的众多大宅之一。

诺福克骑马专用道，也就是被大家叫作"公众优先通行的道路"（rupps），这种路是沙质路面，深陷地面数量庞大，沿路大多种着山毛榉树，绿荫如盖。接骨木花、山楂树、峨参都在盛开怒放，翻滚着大片的白色花瓣和花粉，引得马儿一边打喷嚏，一边还嗅个不停。

诺福克确然是宁静的，但是那几乎凝固不变的地平线会让你不时地查看地图，才能确认自己没有走在一条不知通向何方的时断时续的小路上。因为从前有过一条路因为泥浆和车辙而无法通行，人们不得不修了一条新路，导致现在有无数的 paths and byways 竟然都通往同一个地点！我们沿着 rupps 蜿蜒而行，仿佛走在一个传送机上，周围环绕着田地，地里种着西红柿、大麦、小麦、玉米，偶尔在路边会有一小条公共用地和矮树丛。

大约一个小时之后，我们到达了塞德斯通（Syderstone Common）。这里的地面是由沙子、碎石和白垩组成，到处都是荆豆、紫色的酸沼草原，还有在其他地方很少见到的数不清的水池，乡间的野兔可以在这个开阔的田地上肆意奔跑，有一只甚至从马蹄底下钻出来，然后迅速跑得远远的，直到消失在天际。这一天我们一口气走了 16 英里，一个闸门也不用打开。这和我们在诺福克以外的地方骑马旅行的经验完全不一样。

大片的庄稼地里有除了猪以外的各种牲畜，它们根本无须被圈起来饲养。"二战"以后的几十年，诺福克的农民从连绵几十英里的栅栏里摆脱出来，如今的诺福克成为一个一览无余的开放式的空间，已经很少有人记得从前这里曾经遍布着补丁般的围栏。

一行人中午在伊斯特·科默·伍德（East Common Wood）野餐，仿佛是因为感受到紫色风铃草奇迹般的美，我们脑海中出现了约翰·曼斯菲尔德（John Masefield）的诗篇：

如何将之入画：如何描绘？
无人有这样的能力。
它仅作用于灵魂。精神与时光因它而神圣。
一朵花的难以言说的奇迹，
在一个绿色的 5 月，那无以名状的蓝。

How paint it: how describe?

None has the power.

It only has the power upon the soul.

To consecrate the spirit and the hour.

A miracle unspeakable of flower,

In a green May unutterably blue.

午餐后我们骑马穿过恍如废墟的克里克庄园（Creake Abbey），庄园的轮廓在天际勾勒出雕塑般优美的线条。卸下马上的装备，我们摸索着走进建于1206 年的小小的奥古斯丁（Augustinian）修道院，准备在这个当年朝圣者前往沃尔辛厄姆圣母（Our Lady at Walsingham）陵地的所经之处过夜。修道院在 1484 年因遭大火毁坏，幸存的僧侣也在 1530 年年底修道院彻底崩毁之前的瘟疫里死亡殆尽。

在本翰姆托普（Burnham Thorpe）郊外的美丽村落旁边，我们经过了海军上将霍恩·肖纳尔逊（Admiral Horatio Nelson）的出生地，穿过他孩提时代经常在那里玩耍的小溪，很可惜他当年住过的房子已经不在了，整个村子倒是没有发生太大的变化。

大约傍晚 6 点钟的时候，我们抵达了怀特霍尔农庄（Whitehall Farm），这里是巴里·萨瑟兰和瓦莱丽·萨瑟兰（Barry and Valerie Southerland）的家。作为霍尔克姆的住户，他们巧妙而明智地称自己为骑手 B 和 B。主人花了很多心思设计了一条从农场到海边可以跑马的道路。我们计划用明天早上剩下的时间走完这条路。

晚饭的时候，巴里跟我们讲了 18 世纪中叶，霍尔克姆（Holkham's）富有创新精神的主人托马斯·科克（Thomas Coke）把藏在土壤下面的泥灰层翻到表面，大片的荒原被开辟成农田。托马斯创新的农耕方法在乡间广泛推广，把不毛之地变成沃土，他至今受到人们的尊重。

第二天：伯恩汉姆索普到哈珀利（18 英里）

第二天，在寂静潮湿的日出时分，我们打马出发，沿着沙土的马道走向海滩。眼前的道路把我们引向圣安妮道（Lady Anne's Drive），穿过松树林，来到景色壮观的霍尔克姆海滩。我们抵达这片英格兰最美丽的广阔的沙滩时，发现这里只有我们一行人，感觉真是棒极了，更意外的是在这儿马儿可以沿着无边无际的沙滩奔跑。

这是一支陷入迷醉的队伍：沙滩和大海，清晨温柔静谧的阳光，还有和我们分享这美好的马儿。墨菲爱上了这海景，兴奋得直发抖；毕加索比较谨慎，用鼻子嗅着不断涌来的海浪，不时被跑到腿边的海水吓一跳，赶忙躲到一边。在我们温和的鼓励下，它渐渐放松下来，慢慢走进海水深处。你可以感觉到马儿们此时的愉悦和兴奋。

大家好像重返童年时的快乐时光，周围一个人影也没有，只有我们在海滩上浪花间来回奔跑。大概玩耍了有一个小时，渐渐有遛狗的人也来到海边，我们于是折返马头走回陆地。前面还有 18 英里的路要走，这将是很长的一天。

我们花了半个早上的时间，走过青草丛生、有着车轮轧痕的路，来到了格瑞特伯奇汉姆（Great Bircham），这个传统的村庄坐落在塞恩德瑞汉姆庄园（Sandringham Estate）周边，是一些线条柔和圆润的石头农舍。这里是四座铜器时代古坟的所在地，几年前被发掘出来，里面保存了原封未动的人类颅骨、骨灰瓮、黄金、青铜头饰以及一些其他小物品。

我们在伯奇汉姆（Bircham）磨房停下来吃午餐。这个磨房建于 1846 年，像这个地区其他的磨房一样，已经年久失修，渐渐废弃。1970 年伯奇汉姆（Bircham）被修复一新，是附近乡间极少数仍旧在使用的风车磨房。

午饭后，我们经由派德路（Peddars Way）前往哈珀利公园（Harpley Common）。这条路修建于公元 61 年罗马人镇压布迪卡王后（Queen Boudicca）的起义后不久，路的两边有大约 50 个土井，这是托马斯·科克挖掘泥灰土——一种神奇的原料，铺在土地表面来增加肥沃度——时留下的，现在它们周边已经长满了树丛和灌木，从树木奇怪的排列形状中依稀可以看到以前挖掘的痕迹。

诺福克是个不太容易去到的地方，但是你一旦到了那儿，会发现在诺福克骑马很方便。这里景色开阔，有数不清可供马行的道路通向燧石建筑的村落和宁静的乡间小道。但是这里最与众不同的是，可以在世界上最美丽的海滩上骑马。

那天早上，我们骑马飞驰过霍尔克姆寂无一人的沙滩，海浪冲刷马蹄，清晨的阳光穿过松林，这些都是也将永远是我们记忆中最难忘的一幕。

| 1 | A canter is a cure for every evil. –Benjamin Disraeli.
骑马慢跑能够治愈所有的不快。——本杰明·迪斯累利 |
| 2 | Both horses and riders enjoyed the panoramic views from the Herepath.
马儿和骑手一起，沉醉在黑尔帕斯的美景。 |

《马背上的英格兰》节选之四

埃克斯穆尔（Exmoor）是一个自成一体的世界。高原上有连绵起伏的牧场、劲风吹打的沼地、一望无际的海景、古老的森林和深嵌峡谷的河流。居住在此处的人们深爱这古老神秘的风景，和转瞬即逝的现代英国相比是如此不同。1949 年，英国设立了首批 10 个小型国家公园，目的是为了保护它们的自然风光、野生动物和文化遗产，这些国家公园是英国最美丽的、尚未受到破坏的地方，埃克斯穆尔就是其中之一。

在埃克斯穆尔高地上曾经住过凯尔特人、罗马人、撒克逊人和诺曼人。圆形的铜器时代的墓葬群勾勒出荒原的轮廓，那里还纵横交错着更为古老的石器时代的小路。中世纪时期，这片土地被开垦，有了新的居民，并成为当时闻名的埃克斯穆尔森林（Exmoor Forest）皇家狩猎场。如今这里仍旧保持着几分特权运动保留地的味道：很多人会参加这个由来以久、备受尊重的打猎仪式，场地上到处是破旧的路虎车和穿着老式雪花呢外套的人们。

我们选择查理和思达（Charlie and Star）来进行一个两天的迂回行程，这两匹马经过 5 个小时的艰难旅行，被证明好脾气而且富有冒险精神。我们的第一个晚上是在埃克斯福德（Exford）风景怡人的村庄里度过的，这里是德文郡和萨默塞特斯塔格狩猎（Somerset Stag Hunt）总部所在地，是英国既盛产马匹又最爱马的一个村庄。

第一天：邓克里山到雷迪什

我们第一天的行程是从攀越邓克里（Dunkery）开始，这是一片壮丽广袤的沼泽地。埃克斯穆尔的大部分地方汽车无法穿越，也没有公路和建筑物来破坏它的自然景致，风吹过开满杜鹃花的斜坡，成群的野马和小马驹在那儿吃草。埃克斯穆尔矮种马是英国现存血统最古老的马种，大约在最后一个冰川纪过后就开始在这片土地上自由奔驰。古代的墓葬群、年月久远的山毛榉栅栏、驮马走的小道、凯尔特人的地名，这里到处浮现着历史的幽灵，提醒我们过去的时光一直和我们在一起。

沿着著名的黑尔帕斯（Herepath），一条古老的碧草如茵的小路，我们不知不觉来到了邓克里比肯（Dunkery Beacon）的顶峰。这里海拔 1705 米，是埃克斯穆尔（Exmoor）的最高处。坐在马背上，我们从铜器时代的古坟遗址上眺望，旷野另一边的风景令人震撼，北面是布里斯托尔海峡（Bristol Channel），南面从德文郡（Devon）的中央直到达特姆尔公园（Dartmoor Common），有着在人口密集的南部英格兰少有的荒野和大片空地。很幸运的是，在英国国民托管组织的保护下，这片瑰丽的海岸高原将永远受到悉心呵护。我们的眼光越过荒野直到大海，那美景深深地打动了我们。1000 年前，撒克逊人和诺曼人也曾看着这辽远而荒凉的埃克斯穆尔荒原。

从邓克里山下来，我们走过了一条陡峭的石头小径，来到布罗克威尔（Brockwell）和伍顿克特耐（Wootton Courtenay）村。从那里向前，我们将沿着罗德维路（Roadway Lane）——一条典型的"山洞路"或称为"Holloway"前进，这些狭窄的小路几个世纪以来专供驮马通过，据说每100年路就会下陷两英尺。

埃克斯穆尔给骑马者的指示标非常特别：原木牌子只有 3.6 英寸高。国家公园的管理者不喜欢在某些区域设标志，尤其是在高沼地上，因为他们觉得这样会有损环境的自然野趣，难怪我们在骑行过程中经常迷路！埃克斯穆尔的另一个特点是在高地顶端的边缘立了很高的树篱，有些树篱的年代相当久远，可以推溯到撒克逊或者中世纪，当时人们是用它们来做教区之间的分界线的。10 多条几英里长、长着山毛榉树的石头城墙被用来在冬天防御野兽。树木长得十分健壮，这真是个奇迹，因为沼地的土壤是酸性的，理论上并不适合山毛榉树的生长。

沿着麦克米兰路（Macmillan Way），接下来的行程把我们引向伍顿科默峰（Wooton Common Ridge）的顶端，在我们进入树林的更深处之前可以看到下面的大海。超过 17,000 英亩的森林种植于 1921 至 1924 年之间，常绿的黄杉和落叶松是主要植被。一片一片的深绿松柏密不透风，使得野花、动物和小鸟不能在这个树林里生长停留。

由于每条碎石路看起来都差不多，在这个树荫森森的树林里非常容易选错拐弯的地方，随时会走错路，耽搁好几个小时。当我们最后走出树林的时候几乎有点抓狂的感觉，但是可爱的马儿像以往一样做游戏一般地帮助我们完成了这项艰苦的任务。

晚上终于到达了雷迪什（Rodhuish），我们发现自己站在一个 14 世纪的美丽农舍门前。托马斯一家已经在雷迪什高地（Higher Rodhuish）的农庄务农 100 多年了。在这一地区的 4 个主要农庄里，从 19 世纪起有 3 个已经归到一家。美味的晚餐结束，我们从艾伦和他的哥哥彼得那里了解了更多关于农场生活的事情。

出生于 20 世纪 50 年代末的人大多数一生没有到过最近的小镇之外的地方，他们中只有很少的人会读或者写自己名字以外的东西。这里没有电，晚上也就没有电视可以填补时光，人们用到各家串门来代替。冬天用油灯，没有自来水，没有暖气。"在冬天，你醒来的时候可以在屋里面的窗玻璃上看到冰花。无论是什么天气，人们只在天黑后才出来。孩子们走路上学和放学。这是一个真的社区（共同体），每个人都认识每个人。马厩里满满的都是干重活儿的马。农场上会有 6 个全劳力做所有围树篱、开沟的活。"詹妮芙 1967 年和艾伦结婚的时候，农场的工人每周有 9 镑的工资，村子里有两个铁匠、一个屠夫。所有的农场工人都有一座小屋和一小块用来种植蔬菜的地。

牧羊人吉姆一生都住在这个农舍 50 码以内的地方。人们对这里有一种归属感，"是老式的家庭塑造了埃克斯穆尔……但是他们是农民家庭而不是贵族式的"。据艾伦说，农民在埃克斯穆尔打猎被聪明的当地猎人看作是一种 reaction，而不让他们参加。他自己承认埃克斯穆尔是一个封闭的社群，一个家族和另一个本地家族通婚。"彼得很聪明，你觉得呢？他想办法离开这里，去上大学，然后周游世界。住在吉尔德伏特（Guildford）带研究生。"但是彼得本人却是最得意那些过去的经历。

第二天早晨，我们被带去看圣巴塞洛缪教堂，一座 13 世纪的白色建筑。詹尼弗和这个社区的其他一些当地人，包括作家珀涅罗珀利夫丽，都为重修这座简单的小教堂捐助了资金。

第二天：雷迪什到埃克斯福德

在丰盛的早餐之后，我们依依惜别，出发前往默克汉姆（Monkham）和莱普山（Lype Hill），然后穿过起伏的乡郊田野到达卡特库姆（Cutcombe）。在《英国土地志》里提到这里有建于 11 世纪的教堂，我们在威顿十字（Wheddon Cross）休息的那个小酒店起了个巧妙的名字：休憩与感恩。

埃塞克斯河（River Exe）和温斯福德峡谷（Winsford）一带盛产著名的埃克斯穆尔马驹，我们穿过这里的河流和峡谷，按照常规路线回到了埃克斯福德。20 英里的旅程让我们很疲劳，于是大家决定在这里多停留一个晚上。

来到此地，你一定要去威西普尔（Withypool）的皇家橡树酒吧，这座闻名遐迩的酒吧有 300 年历史，以猎狐与猎鹿为主题。酒吧里面很昏暗，橡木的天花板，上面装饰着当年那些猎手的照片，靠壁炉一侧的墙边有一个玻璃柜子，里面收集了来自全国各地的狩猎纪念章。酒吧没有一丝 21 世纪的味道——室内没有用任何漂白的松木或者褐色的涂料。我们来到酒吧的时候店里已经没

Riding down from the summit of Dunkery Beacon we looked out over the moors to the sea.
从邓克里贝肯的峰顶骑马下山，我们的目光越过荒野直到大海。

有什么人，两个穿着粗花呢外套的老人家正靠在吧台上和酒吧招待杰克聊天，他们没怎么搭理我们，只是当我们坐下吃饭时朝这边瞥了一眼，好像在说"我们不认识你"。

在埃克斯穆尔有一个说法，就是你要花 5 年的时间才能和在这里待了 10 年的人说话，被他们接纳，要等 25 年才能真正成为本地人。虽然这里没有手机信号，大风雪在 5 月还会厚厚覆盖石南花，狂风怒号的旷野常常整日被雾霭笼罩，但住在埃克斯穆尔的人还是不愿意到任何其他地方去。

红 肚 兜 儿

每个人都有自己的爱情手段

爱情跟发财一样，都要靠运气。
一生恩爱到老的事例当然有，
但那必须是在对的时间遇到对的人。

每个女人心里都住着一头小鹿

每个女人心里都住着一个荡妇。这句话，来自网络上的一篇影评。换一种斯文的说法，就是：每个女人心里都住着一头小鹿。那是部韩国电影叫《快乐到死》，女主角是个漂亮又贪心的小女人，一边要老公孩子家庭稳定，一边又要情人热烈如火的肉欲，一人分饰两角，最终让老公抓住小辫子，乱刀刺死。

一段偷情，招至一个太惨烈的结局。可是，偷情再为人所不耻，也罪不至死。况且，电影里的女主角根本没想过抛夫弃子，没想过跟情人私奔，没想过要以家庭破碎来换取一场激情缠绵。况且，电影里的丈夫，是令所有女人都讨厌的丈夫，一事无成，窝囊木讷，身材臃肿，没幽默感没情趣……谁愿意跟这样的男人过一辈子？

感情的事，从来都不牢靠。肥皂剧里编的爱情故事再大团圆结局，也不忘在剧情中插一个半路杀出的程咬金，去诱惑主角，让他差一点儿动了心，再来个关键时刻悬崖勒马，最终，有情人终成眷属，白头到老。现实生活中，大团圆的爱情故事越来越稀少，结婚誓言里，现代人开始坦白地说，我愿意爱你到不爱的那一天为止。我们可以确定万有引力定律，但是不能确定两个人是否可以永远相爱。

还有一部韩国电影叫《爱人》。女人在结婚前一天遇到一见钟情的男人，四目相对，电光石火，两人用 24 小时，做尽了情人间该做的事，高频率地欢爱，尽全力地浪漫，他们都觉得找到了此生至爱。最后一刻，他问，和我一起走好吗？她在镜子前，灼热的身体刚刚回神，她摇了摇头，她只要这 24 小时，一生中无与伦比的 24 小时。第二天，他登上飞机，她披上了婚纱。

曾经的忠诚是守身如玉，现在的忠诚大概是生活上不离不弃，身体上各自为营。婚姻给人提供安全感，有了安全感，人们又忍不住寻求刺激。宇宙宏大，与人无关，置身肉眼凡胎的俗世，一生漫长，举着铁锤打压每一次荷尔蒙的爆发，不如心平气和地拿一面镜子，跟自己好好谈谈。爱情是转瞬即逝的东西，人们下定决心，未必能爱另一个人一辈子。移情别恋比移魂大法容易得多，调查显示一个人一生平均爱上四个人，你爱上一个，又遇见另外三个时，怎么办？

情，不自禁。饿了要吃，动了心就要爱。虽然女人向往幸福长久的婚姻，但是，她不会比男人更热爱婚姻。婚姻模式，本来就是男人制造的关卡，曾经很长一段时间内他们为女人生的孩子是不是自己的种儿而焦虑不已，百般思索，终于发明了一种程序叫结婚。结了婚，就必须一对一，绝对忠诚，女人如果劈腿就是不贞、荡妇、犯罪，要浸猪笼，要遭众人唾弃，逼得她没法儿活下去。这一切都是男人为了保证 PU（亲子不确定性）更低，他们制造舆论与法律，逼女人踏进婚姻的牢笼。

爱情跟发财一样，都要靠运气。一生恩爱到老的事例当然有，但那必须是在对的时间遇到对的人。运气好的人，遇见回头的浪子，上岸的浪女，他们情事连篇遍偿百草，最后收了心，金盆洗手，决定从一而终老老实实过日子。

这样的婚姻风平浪静，所有的情欲杂念都在迈进婚姻围城前消耗得一干二净。运气差的人，遇见的是玩兴正浓的浪子浪女，注定只能陪他们做一场风花雪月的事，事了人散，没有结局就是结局。

最悲催的是一个男人遇见尚未萌芽的浪女。她是三好学生，她从不乱谈恋爱，她是一个好姑娘，也以为自己是一个好姑娘。她嫁给他，并打算做一辈子好老婆。忽然某一天，埋在她心里的荡妇基因破土而出，她遇见新的爱人，心驰神荡，觉得自己当初为一棵树放弃一片森林是不是脑袋被驴踢了？她的人生观改变，感到自由的爱才是享受，怎么能和一个男人就那样平淡如水过完一生？她开始折腾，要自由，要独立，要情人，不要婚姻。

这种时候，男人震惊又愤怒，他以为自己娶回一个小白兔，没几年，她就蜕一层皮，变成大灰狼。然而，人本来就是小白兔与大灰狼的混合体，不同时段，择机发作。在情欲面前，女人的 ASD（反荡妇机制）轻微发作，所以，在解开第一粒扣子时，她轻声抵抗，哦不……这不过是"Yes"的另一个说法。随即，她能变成一团火，吞噬掉一切。

有人说，你爱上外向的姑娘，就得接受她的放荡；你爱上清纯的姑娘，就得接受她的幼稚；你爱上理性的姑娘，就得接受她的算计；你爱上害羞的姑娘，就得接受她的自卑；你爱上勇敢的姑娘，就得接受她的固执；你爱上美丽的姑娘，就得接受她的过去。男人想做女人的唯一，就要付出更多努力，还要好运气。

免费的性是最贵的

经过这些年的进化，人类没有长出三头六臂，肚子里却长出许多花花肠子。比如性。

以前，女人含情脉脉地说，妾拟将身嫁与，一生休。男人出门做个生意考个试一去数年，老婆搁在家里，操持一家老小兼守身如玉。男人女人都一根筋，认准一个就是一辈子，不问对错，错也认了。

现在以身相许的故事常常发生，但许完之后，衍生出众多故事版本。人们说，爱情是单纯的。这不过是自欺欺人。通常，一张床上一对男女，干柴烈火的关键时刻，最单纯。之后一切，有着错综复杂的演变，有着较量与算计，他和她穿起衣服之后，各自打起小算盘。现代人眼中，性成为一种资本，拥有了投入产出的意义。

头脑简单的女人，拿性换物质。认识一个大学即将毕业的女生，很认真地问，能不能帮她介绍四十岁左右事业有成的男人，因为这样的"老男人"属于背靠大树好乘凉，他懂得疼爱她照顾她，有足够的钱供她挥霍，又能给她自由，恰能提供一场高大上的不计未来的恋爱，他是她的台阶。为了这些，她愿意付出一具青春肉体，这是她的筹码，摊开来，以爱的名义交换。有什么不好？

她觉得，不过是一场双方心知肚明的爱情。

男欢女爱，听起来多么美好，女人却永远不能像男人一样头脑简单地去享受。在解开她的第一粒扣子之前，要呈上让她动心的一切，那或者是狂热的情话、巨量浪漫以及诺言，她有了十二万分的信任与安全感，才会温驯地倒在男人怀里。女人想要毫无目地寻欢作乐，就要抵抗千万年来埋伏在体内作祟的基因——当她与喜欢的男人鱼水之欢的时刻，体内分泌令她飘飘欲仙的催产素，使其产生爱的感觉——不论愿不愿意，潜意识里她都想给这个男人生孩子。

男人的爱情表白里，总有"我永远爱你"这一条，他不想给，女人也非要不可，那或许是她的习惯。

在女人看来，性是付出，付出就要有回报；而在男人看来，性是收获，收获就要有付出。某男发贴罗列他为了得到女友的以身相许所付出的消费清单，其中包括电影票、汽车油费、饭费、电话费、礼物费……交往三个月，杂七杂八合计 6740 元。然后，他们终于顺理成章地"那个"了，当然"那个"是免费的。他认为没有免费的性，所谓恋爱中的性是免费的，指的是不用事后马上掏出一迭钞票，事前的各种铺张却一样都不能少，较真的话，免费的性比有偿的性更贵。

人们总向往时髦开放的生活方式，试图摆脱基因或道德的束缚，让床上关系变成最简单纯粹的关系，提起裤子挥挥手，不带走一个麻烦。可是，要切身做到，很难。有一个床伴无数的哥们儿，爱了一个又一爱，每次都是三分钟热度，最后把自己变成了不婚主义者，不是不想，只是他再也无法爱上一个人。

当他不断地换人，不断地分泌催产素（嗯，男人也分泌这玩意儿），爱的感觉变幻莫测，终于越来越迟钝，欢愉一场过后，自己却变成最孤独那一个。

男人把爱和性分得有多清楚，女人就把爱和性绑得有多紧；他以为上床是结果，她则以为上床是开始；上床之前他心甘情愿地付出，上床之后她理直气壮地索要。有时，男人宁愿要一个头脑简单的女人，他知道她要物质，好吧，给你。两个人各取所需，彼此亮出底牌，也并不妨碍继续相爱。最复杂的是遇见了只愿提供"免费的性"的女人，她高举爱情盾牌，悲壮地脱掉衣服，她自以为把最昂贵的东西给他，千金难买。事后他要送她礼物或钱的时候，她则清高地一挥手，分文不收。她说，爱情怎么可以用金钱衡量？又不是肉体交易。

那不过是另一种更昂贵的交易。女人推开男人的钱包，意味着，要他付出另一些无形资产，比如真心，比如名份，比如承诺。这些用钱买不到，这些要求男人在一次短暂的床上欢愉之后，俯首称臣，把自己的后半辈子交到她手里。这又何偿不是交易？单纯的爱和性，只是人们的梦想，无论吃一碗饭还是做一场爱，都需要代价——交易中，要钱容易，要爱才难。

伍迪·艾伦说，"免费的性是最贵的"。男人们卖力表现，竞价而出，这种行为有个好听的名字叫"求爱"。女人慎重地守护着她的扣子，仔细挑选，为付出了令她满意的心理价位的一个男人或几个男人而解开。所有这些，都是早就埋在人类骨子里的秘密，正儿八经地谈一场恋爱，从来都是浩大工程，只是人们假装付出一切不是为了上床。

作女的爱情手段

音乐剧《猫》里，有一只摇滚猫，它傲娇地唱："你给我饼干，我偏要牛奶！你给我牛奶，我偏要饼干！"这种让人来气的拧巴性格，换成女人，就是作女。

在爱情面前，女人有意或无意地作出各种花样，仿佛狠狠地作一回，才算真爱过。初级作女，不过是使使小性子，三分撒娇七分萌，还挺可爱。文艺作女，则要阅尽情海波浪，熬够年头，才能幡然醒悟做个好老婆。女神作女，自恃貌美，屁股后面甩一群备胎，想作哪个作哪个。舍命作女，脑袋一根筋，爱上了就视死如归，男人要散伙先吃她一刀。奇葩作女，骨子里是疯狂浓烈的爱情基因，无论精神肉体都追求极至，不作得死去活来不罢休，就像日本电影里肢解情人的女凶手。

女人有很多类型。女神，虽然高贵冷艳拒人于千里之外，但男人只要肯死心塌地对她好，死缠烂打感动她，总有癞蛤蟆吃上天鹅肉那一天。女汉子，虽然简单粗暴缺少情趣，但男人只要付出足够的耐心爱护，就能击破她汉子的壳抓到她柔软的心，驯化好了，也是一枚好姑娘。但是，作女，却是一种令人无技可施的奇异种类，她永远折腾，不满意，不满足，虐人本事一流，随时准备将求爱对象射得满身伤。情场上遇见她，男人只能自认倒霉，在她的折磨下很难留个全尸。

电影《我想和你好好的》里的作女，规定男友不许与其他女生有过多接触，宣称"比我漂亮的女人第二天都得死"，她查手机，查账单，在房间装摄像头，逼男友当街裸奔。是不是有点儿熟悉？一下子就想起电影《我的野蛮女友》里那个动不动就挥舞拳头的作女，她要男友穿着高跟鞋背她在大街上走。更绝的作女是某部电影里，她用枪顶住男人的太阳穴，还要问他："你有没有爱过我？"她就是要一个答案，无论对错，然后"呼"一声轰掉那个人的脑袋。

一个学心理的朋友给作女分成三类，一类是小女生初恋，突然有人宠有人疼，甜蜜得不知所已，就要作一作，模仿言情剧中一波三折的爱情，试探对方的底线。一类是伴侣价值（比如美貌、财富）远高于对方，潜意识里瞧不起对方，一肚子怨气没处撒，所以用拼命作来找补。一类是临近分手时，死作，通常是男人想散伙，故意玩冷暴力，把女人一颗作心逼出来，她一哭二闹三上吊，最后落了个"作死"的下场。

作，也是某些女人的武器，她们以此来对付男人。既是作，说明不讲道理，故意施虐，要别人委曲犯贱才能成全。作女高高在上，一个不高兴就作得风云变色，贱男步步跪拜，她要作的时候，他就豁出脸去无原则无底线地哄、求、拍马屁。但是，忍得一时，难忍一世。男人为了拿下一个伴侣价值高的女人是肯做小伏低，像奴才一样只求那个女人高兴的，一旦生米煮成熟饭，他熬到翻身那一天，就会变本加厉还回去。

有个女人说，和男友谈恋爱时，她学历比他高，挣钱比他多，所以拿他当狗使唤，招之即来挥之即去，颐气指使；婚嫁时，丈母娘也百般刁难，把他损得一无是处；婚后，她做家庭主妇，他则事业发达赚了大钱。于是，婚前积压的窝囊气强势反弹，他变成一个粗暴冷漠的丈夫，对她又打又骂，一个好脸色都没有。她原以为只要作，就可以永远凌驾于他之上，可手里的资本越作越少，最后轮到自己忍气吞声过日子。

也许，女人都希望像言情剧里演的一样，由着性子作，还有个老实男人捧着接着，一辈子把她当女神供着。然而现实中，每个人心里都有自己的算盘，只有伴侣价值高的人，才拥有睥睨一切的权力，她挑挑拣拣，她喜怒无常，她要很多很多的爱，也要很多很多的钱，别人都觉得理所应当，她值。伴侣价值低的男人热爱伴侣价值高的女人，由此而来的一切负面效应，包括胡作非为，他都愿意承受。

作，是一种爱情手段，作女以此来试探男人爱不爱她，有多爱她。但是，不论什么手段，都不能不择手段。热恋时，女人作一作，男人觉得那是有性格，他像驯化一只宠物那样耐心地包容呵护，为的是后来的柔情似水。作女作得开心时，千万不要忘了一条，那就是，见好就收。

追求鲜嫩肉体之后

网上流传一张图，里面罗列了各种形状的乳房，苹果、柠檬、椰子、木瓜、西瓜、茶叶袋、葡萄干……有 20 多种。

女人的乳房，一直是男人的挚爱部位，从他婴儿期吮吸第一口奶开始，就对这个部位有了难以割舍的迷恋。在他成年以后，女人乳房的形状很大程度决定了在他眼中的性感程度，《丰乳肥臀》不止是一本书，还是男人的一个梦想。所以，丰乳业一直长盛不衰，就是女人为了迎合男人的口味，在胸前的两坨肉上动起刀子。美剧 *Nip/Tuck* 里，女人们要求整形最多的部位就是乳房，在自己胸前灌两颗篮球，有时她们真觉得这样很迷人。

在看到网上那张乳房大全图以后，朋友们讨论起关于女人的乳房。其实各种形状，都有人喜欢，有人觉得被埋在两个"人肉沙袋"里才爽，有人觉得不盈一握才是情趣，也有人提出科学证明拥有"搓衣板"式乳房的女人性敏感程度最高。虽然大小圆扁众口难调，但男人们纷纷表示——其实大小形状并不重要，最最重要的是，粉嫩。

答案终于揭晓。原来，并不是挺出一对豪乳就可以征服男人，能令他们怦然心动的是那种一身皮白肉嫩两点娇嫩粉红……也就是，年轻姑娘。

归根结底，男人还是喜欢年轻的。妙龄少女，如花似玉白里透红，像一颗轻微成熟的水蜜桃，粉嫩得你用手掐一下，就流出甜水儿。《洛丽塔》里的大叔，《这个杀手不太冷》里的冷酷浪子，《美国美人》里的中年危机男，《爱情重伤》里功成名就的绅士……他们最终臣服在少女的裙摆下，燃烧了自己。

有人说，那些表示完全不在乎外貌的人，全是骗子。尤其男人，作为视觉动物，女人的每一岁，他甚至比她更介意。

女人过了青春期以后，就不再把男人的长相放在第一位，他有没有能力，够不够关爱她，能不能提供足量的爱与安全感，才是首要考虑。况且，女神也架不住死缠烂打的屌丝，一个男人死心塌地感动了她，她觉得那也算爱情，他长得再寒碜也能忽略。

男人心心念念的，却仍是年轻漂亮。有次给一位老兄介绍女朋友，人家比他还小三岁，事业有成，房车兼备，独立自主又勤劳贤淑。没见面时，光听条件他是一百个乐意，而一见面，他一百个乐意有九十九个都蔫儿了——他嫌人家长得老气。"她那长相根本不像比我小三岁的呀！"瞧，条件再优越又怎样，外貌不满意，一切都是零。

好像女人一过三十岁，就不再跟年轻漂亮沾边儿，自动或被动地与中年妇女挂钩，择偶对象直接往四十岁以上看。

年轻帅气的小男生，当然喜欢，但仅用于谈情说爱，用来结婚成家就太不靠谱。看过太多失败例子，大女人一路提携，小男生茁壮成长，最后翅膀硬了，还是飞去找年轻漂亮的小姑娘，留大女人在巢边垂泪。一女友看得明白，说等自己与各式帅哥谈够了恋爱，就找个成熟稳重的老爷们儿结婚。浪子能回头，浪女也可以。

可是，如果大男人小男生都喜欢年轻漂亮的小姑娘怎么办？大男人嘴上说不介意年龄，年纪相仿还更好，有共同语言。然而，看到一个青春不再的女人时，他眼中却又明显流露出惋惜——她不是那种一眼就让他激动难捺的类型，也不是一眼就让他心软怜惜的类型。小姑娘的苗条身材、平坦小腹、粉嫩乳房和白皙紧实的脸，是男人一直不曾改变的梦想。当女人瓜熟蒂落，他便再也打不起精神。

认识一个中年男人，他与老婆携手打拼二十年，家财万贯，儿女双全。本以为这种美满幸福会是他的定心丸，可在某饭局，他却对着个年轻漂亮的女孩大献殷勤，挺一个肥肚子笨拙地装年轻小伙儿的作派讨她欢心，他端起酒杯，可怜兮兮地求她轻启朱唇。那一刻，他的喜欢和冲动，在脸上是那么明显。

大男人和小女生，大女人和小男生，其实都有长厢厮守的成功案例，并不是所有人都爱年轻漂亮这一款。一味追求鲜美肉体的人，终有一天会觉得乏味疲惫，那颗浪荡的心开始渴望一间屋一个伴，比肩相谈柴米油盐。如果要维持一段长久关系，志趣相投比年轻漂亮更重要，否则漫长岁月多么无聊，脑电波无法交流，看一眼那粉嫩脸庞，又能弥补多少空虚？

那些难追的女人

听一个男人说："我非常喜欢一个女孩，追了她三年，打电话发短信，请吃饭请看电影，嘘寒问暖无微不至。第四年，她答应了。相处了几个月，我发现不合适，就和她分手了。"

也听一个女人说："有个男人追了我几年，我不同意不同意不同意，他就拼命追拼命追拼命追。最后我终于接受了他，他却又抛弃了我。从那以后，我一直陷在阴影里走不出来，不明白，我还是原来那个我，他怎么说不喜欢就不喜欢了呢？"

有人说，爱情是一个人的事，我爱你，不管你爱不爱我，反正，我要把那一腔无处安放的热情与激情挥发出来。也有人说，爱情是两个人的事，一唱一和，有付出有回应，总之，要把一腔热爱放在相对正确的那个人身上。是不是也有一种爱情是拉锯战，你进一点儿我退一点儿，你热一点儿我冷一点儿，来来回回断断续续，要耗费许多时日才能瞧出眉目。

作为被追求者，在追求者的前进之路上布下诸多障碍，让他过五关斩六将经千辛历万苦，磨砺了意志和耐心，表明了忠诚和恒心，才最终肯松下脸来微微一笑，"祝贺你，通关成功！"——好吧，你现在可以拉起我的小手，与我生活，给我幸福。高高在上的被追求者，把这种"设路障"的方式叫"考验"，经得起考验，才算真爱。

一位女友，嫁了个完美金龟婿，人家动辄谈几千万的生意，对她却始终如一，花花世界再花花，"我的眼里只有你"。她日子过得太滋润了，就开始发牢骚，"哎呀真奇怪，世界上真的有对除了老婆之外的女人全不动心的男人吗？"这问题谁能回答呢。她嘀咕，"我应该设个美人计来考验一下他，让我最漂亮的女闺蜜去勾引他，看他到底动不动心……"

面对爱情，女人特别喜欢做考官。要矜持，要清高，要冷傲，要拒绝，其实一切也不过是考验，她坚持认为那个能不惜一切代价用热脸贴她冷屁股的男人，是好男人。送她的花被扔进垃圾桶，他还坚持送，是好男人。一个电话就来，风雨无阻，天塌下来也准时到达，是好男人。无数次吃闭门羹，无数次约会遭拒，他还坚持，是好男人。讥笑他，冲他发火，把他当冤大头消费，他也是笑嘻嘻，是好男人。总之，在她面前，他变成超级无敌大贱人，任她践踏冷落，还是一如继往地，迷恋她。

到头来，脸再冷，心里有得意，瞧，一个男人把咱当女神供着。男人的世界里，有他们的爱情励志版本，癞蛤蟆要吃到天鹅肉，就得甘为下贱死缠烂打，好女怕男缠。女人世界里的爱情则是百炼成金的版本，拒他于千里之外，让他一步一跪地匍匐而来，千恩万谢地领取我垂青，一辈子对我忠心不二。

认识一个女人，自命不凡，对追求她的男人百般刁难。人家送来玫瑰，她偏横眉怒对，"为什么不是百合？"人家请她吃火锅，她偏一脸嫌恶，"为什么不是西餐？"人家的约会，她永远是迟到迟到迟到。不回人家短信，不接人家电话。没几个男人扛得住，都撤了，剩她孤身一人，困惑而又抓狂，"天啊！我不过是想考验一下他们有多爱我！"——爱情的考验究竟是什么？是不是穷尽折腾？

真想问，凭什么？你是谁，凭什么要求别人像蒙了眼的驴围着磨打转一样，傻乎乎地追着你一圈又一圈？你是加勒比大宝藏还是游戏大 BOSS，能带给他多少快乐？你手举大锤，他一露头儿，就狠狠砸下去，这么心狠手辣，拿准他离了你就活不下去吗？泰坦尼克号的露丝离了杰克一样活下去，他也能，他们也能。

一份正常的爱情，何需追求三五年？你喜欢他，就不会挖空心思为难他，就不会高高在上看低他，他走过来，你便走过去，相逢，相恋，在一起。你不喜欢他，他追三十年五十年又怎样？不是你的菜，放冷了，放馊了，还是不想吃，只能扔掉。假模假样地欲拒还迎，容许人家追求三五年，以为让他吃点儿苦头，以后就不敢对你反目，想着美滋滋地做一辈子他的女神，哪有这么好的事儿？追求或抛弃，要看他的心情。

没有证据证明追求的过程越艰难就会对结果越珍惜。一个追一个跑，本来就不算两情相悦，不算是好的爱情。况且在男人眼里，追不到的永远是女神——能追到手的女神，也不过变成家常柴火妞一个。

娶个女神还是娶个女流氓

.

如今，女神这个称呼，铺天盖地。究竟什么样的女人才算女神？有人给出一个笼统标准——身高一米七以上，长发，皮肤白皙，胸大腰细腿长。这些还只是外貌，如果她兼俱拒人于千里之外的冷傲和神秘感，再加上识文断字有思想，那简直能让男人们飞蛾扑火一般扑向她——啊！我的女神！

也许，每个男人心中都藏着一个或几个专属女神，这种私有梦想就像私家财产一样，他喜欢关起门来，自己偷偷享受。男人手里攥着女神标签，见到那个令他神魂颠倒的女人，就"啪"一声贴上，从此，她成为他的女神，他则成为她的奴隶、追随者、粉丝、狗腿子、备胎……女神高高在上，他则匍匐于石榴裙下，祈祷膜拜。

感情的事，各花入各眼，甘心沦为贱骨头的男屌丝，见个活的女的就奉为女神，而有些男人从头至尾只对一个女人情有独钟。当一个女人在男人眼中幻化为女神，她就变得完美无缺，诱惑无比，她头上顶着光环，脚下踩着流云，他以为遇到了不食人间烟火的仙女。

实际上，天上没有神仙，人间没有女神。所谓女神，不过是在恰巧的距离中，才散发出颠倒某个男人的美。他看不真切，他产生幻觉，他以为她是全世界独一无二的女神。

可男人这动物，永远是一见目标就兴奋，有时他们像那条盯着飞盘的狗。为了女神，他忍辱负重吃苦耐劳，被她踩下一万次，也要义无反顾爬起来，继续一腔热情地爱慕追求讨好，女神赏他一个笑脸，他就觉得春暖花开。女神是他的梦想，所以他要为了实现梦想而努力，不想吃到天鹅肉的癞蛤蟆不是好癞蛤蟆。

男人梦想有朝一日搂女神在侧，双宿双飞，从此过上幸福的生活。但是，找个女神过一辈子就那么好吗？多少梦想成真的男人，最后被真相一击倒地，伤痕累累。真想把女神娶到手，至少，要做好三种心理准备。

第一，女神≠完美。同一屋檐下过日子，女神褪去所有伪装，360度无修饰出现在你面前，她卸妆的脸可能和菜市场大姐一样平常，她也会放屁打嗝睡觉磨牙早上起来两坨眼屎一嘴口臭，李敖就曾因为目睹妻子在马桶上便秘而嘴脸狰狞的样子提出离婚。她走出去是美人，回到家，你看见的全是她为了成为美人而拼命努力的过程——她只吃青菜叶，她呲牙咧嘴苦练各种塑体运动，她脸上贴着奇怪颜色的面膜。

第二，女神有女神的脾气。想想看，你娶到了一个女神！你难道还指望她扮贤妻良母，天天擦地板洗衣裳喂孩子照顾一家老小？就算娶进家，女神也是供在神坛上的，她习惯了优越的被人伺候的日子，你不能忘了继续向她灌输大量甜言蜜语，你要一辈子为她当牛做马。你赚不到钱，要痛哭流涕求她原谅，是你害她过苦日子。因为，她本来可以不嫁你，如果不是你三跪九叩甘为下贱一路苦追，女神能落到你手里？

第三，女神也会失神。七年之痒，真是说得客气。就算女神睡在你怀里，那种狂喜，能维持一年就算不错。天天在同一张床，女神最终会变回女人，普普通通，曾经吸引你的一切都丧失了磁力。身材好，关了灯都一样；容貌好，可她一天比一天老；气质好，她抠脚剔牙你都见过；性格好……得了，女神怎么会性格好！你稍不顺意，她就大发脾气，还没人同情你，女神都娶了，你还想怎样？

也许，女神存于脑海中，会神得更久一点。有娶了女神的男人在网上发贴诉苦，说自己在女神眼中永远找不到存在感，男人的尊严破碎一地，以至于要找平凡女屌丝搞地下情。更有男人声明绝不找女神，我视她如神，她视我如粪，干嘛自讨苦吃？还不如找个家常柴火妞，柴米油盐夫唱妇随，才好过日子。甚至有男人高呼，我爱女流氓！她好色擅挤压，吃货又毒舌，虐你又会抚慰你，娶个女流氓，才快乐一辈子。

女神的一个"神"字，就注定了她的只可远观。在男人眼中，得不到的，才永远是女神。红玫瑰与白玫瑰的理论像咒语一样千百年来箍在男人头上，正是他们自己，把一个又一个女神变成了凡间女人。

完美丈夫和贤妻良母的诱惑

17 年来，张学友是大众眼中的完美丈夫，一年比一年更完美。忽然，有人抓住了他的小辫子，称他偷情女助理，还打算逼走结发妻。大众正要骂他狼心狗肺，张歌神却又微微一笑——我们夫妻感情好得很，劈腿偷吃什么的都是浮云，女助理只是工作情谊。现在，大众不知道该捧还是摔，娱乐新闻向来变幻莫测，当年艳照门的艳照刚流出时，明星们也纷纷打死都不承认。

17 年的婚姻，足以成为现代人的婚姻榜样。

人们爱给婚姻里的完美丈夫和贤妻良母发好人卡。丈夫从一而终，对异性的诱惑毫不动心，他是好人。妻子贤惠顾家，孝顺老小疼爱孩子，重要的是，也对异性的诱惑毫不动心，她是好人。当好人遇上好人，就是俗世眼光里的完美伴侣，一对一，从拿到结婚证书那一刻起，他们头勒紧箍咒，下定决心一路无论遭遇什么困难与诱惑都要保持绝对忠诚的身体和心灵。

绝对忠诚。让人想起电影里的魔鬼士兵，对身份绝对忠诚，长官的命令绝对服从，让他向前，就算前面是刺刀、子弹、火海、悬崖，他眉头都不皱一下，像木头人。让人想起美剧《冰与火之歌》里的无垢者，一样对身份有着洗脑式的忠诚，老大的命令至高无上，让他割掉自己的乳头，他就用最快的速度抽出刀，血溅沙地，脸上连表情都没有。

婚姻当然没有那么极端和恐怖，但是，"绝对"这个行为，最难完成。电影里可以制造出绝对忠诚的士兵，现实感情里，难以制造出绝对忠诚的伴侣。有人说，不出轨的人，只是因为他受的诱惑还不够大。世事从无绝对，绝对完美，绝对善良，绝对邪恶，包括绝对的忠诚——灵魂或肉体，总在伺机挑战人类的意志。

认识一个完美丈夫，他和妻子是大学同学，毕业后结婚，一晃孩子就 10 岁了，两人相敬如宾，恩爱亲密，他们都把对方视为命中注定那个人，打算白头到老。然而，他是不是真的完美无缺？问起来，他坦白说，绝对忠诚做不到，曾找过桑拿小姐做"口头服务"。这是他解压的一种方式，男女在一起时间长了，厌倦感巨增，久而久之就会影响感情，所以为了不让自己抓狂，他才偷偷去"解压"。

"这种行为不算出轨吧？又不是真的'做爱'，又没发生感情。"他说。

还有些男人，婚前扮专一，婚后才花花蝴蝶倒处飞。问一刚结婚的哥们儿有什么新婚感受？他说，"啊，最大的感受就是可以毫无压力地花心了！"你想知道原因？那就是单身时，为了找到纯真善良的好姑娘，所以要扮专一，保持好男人形象，让姑娘信任他，让丈母娘放心他。结了婚，就算了了一桩心愿，贴着"已婚男"的标签到处拈花惹草，别的女人因为知道他是已婚人士，所以不会有过分要求，两厢情愿，愿者上钩。

现代人终于开始慎重考虑，为了一纸婚书而付出一生，划不划算？人们相爱，宣誓，签下名字，为了一种叫"婚姻"的东西，作出永远忠诚的决定。忠诚，到后来会变成负担，你不敢爱上别人，不敢向往别人的身体，不敢回应别人的示爱，只有紧紧勒住大脑，才能把婚姻伴侣之外的一切异性想象成中性。一旦来电，你就要在心里给自己上刑。电力越大，刑罚越重。

萨特和波伏娃做成了永远的情侣，那是因为他们各玩各的。其他人，想玩的时候，猛抽自己大嘴巴，骂自己道德败坏，恨不得阉掉性欲。这样，就会得到完美爱情吗？就会得到绝对忠诚吗？多少完美丈夫和贤妻良母在猛抽了自己无数大嘴巴以后，触底反弹，人到中年又上演劈腿偷食的戏码，这样的物极必反，损失和代价都更大，招来的骂声也更大。

有人预言未来某一天婚姻制度会消亡。科学家说，能产生爱情感觉的荷尔蒙最多维持两年。人们在此刻相爱，轻而易举，难的是漫长未来，要如何继续相爱？或许有一天，相爱的两个人，不再签定婚书，也不再宣誓忠诚，只有在他们打算生孩子的时候，才签个合同，合同条款包括双方必须履行抚养小孩的义务、费用如何分担以及共同陪伴孩子的时间等等，一目了然，违返合同就要负法律责任。

千百年来，爱情一直存在，只是对于它的时效性，现代人渐渐不再那么一根筋了。

图书在版编目（CIP）数据

逍遥：世界变了 我们怎么办 / 王凯丽主编；
-- 上海：华东师范大学出版社，2014.1
ISBN 978-7-5675-1597-0

Ⅰ.①逍… Ⅱ.①王… Ⅲ.①社会科学－通俗读物 Ⅳ.① C49

中国版本图书馆 CIP 数据核字 (2014) 第 004041 号

逍遥：世界变了 我们怎么办

主　　编　王凯丽
策划编辑　王焰
项目编辑　许静　储德天
审读编辑　陈锦文
装帧设计　点纸 paper dots.

出版发行　华东师范大学出版社
社　　址　上海市中山北路 3663 号 邮编 200062
网　　址　www.ecnupress.com.cn
电　　话　021-60821666　行政传真　021-62572105
客服电话　021-62865537（兼传真）
门市（邮购）电话 021-62869887
门市地址　上海市中山北路 3663 号华东师范大学校内先锋路口
网　　店　http://hdsdcbs.tmall.com/

印　刷　者　上海当纳利印刷有限公司
开　　本　787x1092　16 开
印　　张　15.25
字　　数　150 千字
版　　次　2014 年 2 月第 1 版
印　　次　2014 年 2 月第 1 次
书　　号　ISBN 978-7-5675-1597-0/C.223
定　　价　48 元

出 版 人　朱杰人

（如发现本版图书有印订质量问题，请寄回本社市场部调换或电话 021-62865537 联系）